Instantanés

Quand la vie s'écrit en vers

Sophie Richard

Instantanés

Quand la vie s'écrit en vers

Leseditionskark.com
13 rue pierreuse
72170 Ségrie
0642402160

Dépôt légal : juillet 2022
© : KARK –S-Richard-22
ISBN : 978-2-492248-23-8
Correctrice : Corine Sorguson
Illustration : Florence Brichau-Prado
Images : Pixabay

Table des matières

*A mes enfants
et à leur mamie*

Préface

Ecrire ta préface ? Bien sûr…

Une préface n'a selon moi d'intérêt que lorsqu'elle est sincère, juste et révélatrice d'une vérité, celle de la personne qui l'écrit. Voilà donc la mission que j'ai accepté de relever.

Je commencerai par dire que ces poèmes sont semblables à leur auteure : remplis de bienveillance, d'amour, de sensibilité et de sincérité. Une dose de talent, deux pincées de vécu, une cuillérée d'amitié, ajoutons beaucoup de sensibilité, et nous voilà plongés dans un univers familier, celui de la vie, une vie avec ses hauts et ses bas, une vie tournée vers les autres, une vie simple, la vraie vie.

En plongeant dans ces monceaux d'existence, nous prenons conscience du temps qui passe, le temps qui abîme, le temps qui nous fait comprendre que nous sommes vivants et que nous avons tous un rôle à jouer dans ce cycle de la vie. Cette peur de vieillir qui nous anime parfois doit laisser place à une prise de conscience : seul celui qui est vivant vieillit. Après il nous appartient à tous de donner un sens à notre vie. Etre utile, se tourner vers les autres, donner de l'amour, laisser une trace de notre passage, essayer de faire le bien, … écrire.

Je crois que ces poèmes comportent en eux-mêmes un début de réponse à nos questions. Ils traduisent ce que tout homme garde au fond de lui, sans jamais vraiment pouvoir l'exprimer.

Lire ces textes, c'est se lire soi-même avec l'étrange impression de devenir un livre ouvert.

N'oublions pas que le vrai talent d'un poète, c'est de transmettre des émotions, d'exprimer l'indicible, de mettre en mots ce qui nous façonne tous.

Alors bon voyage à tous dans le monde de Sophie, dans ce monde intérieur qui nous est si familier, dans cette traversée de parcours de vie qui renvoient à des moments intimes de notre existence.

Nathalie Béchard

L'écriture

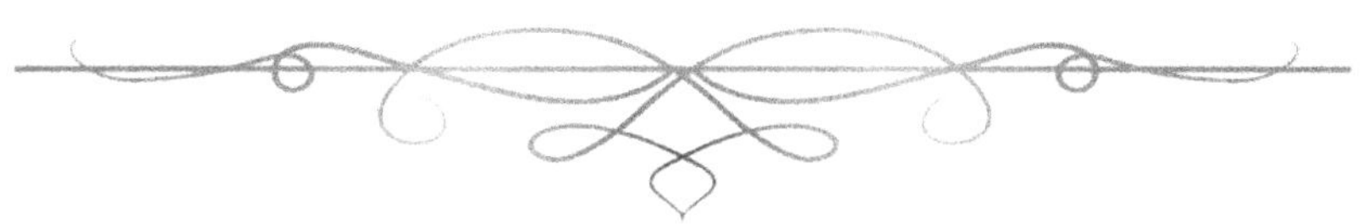

Ecrire

Ecrire, sans y réfléchir
Sans chercher de thème
Ni prétendre au poème,
Juste écrire !

Ecrire, pour se sortir
D'une trop grande solitude
D'une pesante incertitude,
Oui écrire !

Ecrire, pour se faire plaisir
Dans la rime ou dans la prose
Si cela signifie quelque chose,
Simplement écrire !

Ecrire, pour se guérir
Du poids de la vie
Des affres de la maladie,
Oui écrire !

Ecrire, pour se bâtir
Un schéma de vie
Une certaine philosophie,
Juste écrire !

Ecrire, pour se divertir
Attendre l'inspiration du moment
Pour la figer éternellement,
Simplement écrire !

Ecrire, pour ne pas mourir
Trouver les bons mots
Qui délivreront des sales maux,
C'est cela écrire !

Ecrire, avant de définitivement partir
Laisser une trace de son passage
Comme une invitation au voyage,
Voilà, écrire !

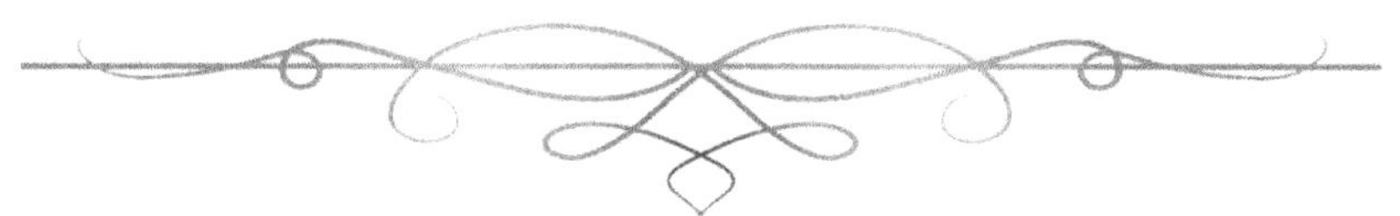

Je vois la vie en vers

Comme une obsession,
Un besoin salutaire,
Riche d'un papier, d'un crayon,
Je vois la vie en vers !

Comment me l'expliquer ?
Avec la langue de Prévert,
Ses rimes suivies, embrassées ou croisées,
Je vois la vie en vers !

Ce n'est pas si lointain,
Elle date seulement d'hier
Cette passion des quatrains,
Je vois la vie en vers !

Faisant rimer mamans, enfants,
La terre et l'univers,
Printemps avec étang,
Je vois la vie en vers !

J'imaginais un feu de paille,
Un délice très éphémère,
Finalement quelle trouvaille,
Je vois la vie en vers !

Quand j'écris, quand je compose,
Je m'évade, je me libère,
Si certains chantent la vie en rose,
Je vois la vie en vers !

Je serai chagrinée voire plus que ça,
Malheureuse et amère
Lorsque la page blanche me gagnera,
Je vois la vie en vers !

Quelques poèmes qui ont touché,
Quelques rimes qui me sont chères
Et toujours le feu sacré,
Je vois la vie en vers !

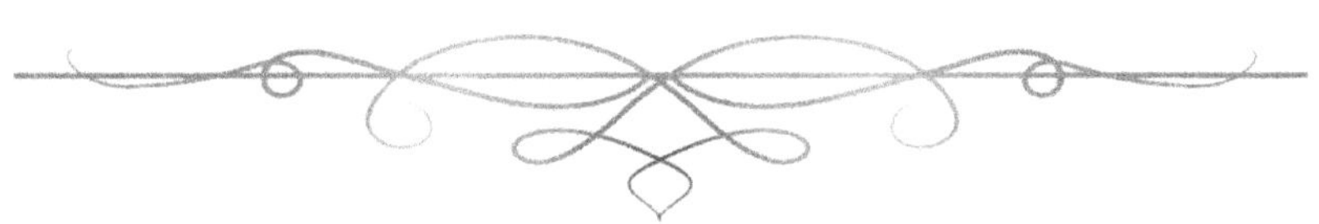

Quand l'inspiration
ne vient pas

Je ne suis pas à la fête,
Quand l'inspiration n'est pas là,
Si les mots s'agitent dans ma tête,
Les phrases, elles, ne viennent pas !

La page blanche est pourtant prête,
A supporter l'élan du bras,
Le crayon a la mine guillerette,
Mais l'inspiration, elle, ne suit pas !

Ce n'est pas faute d'idées,
Elles se promènent de-ci, de-là
Et viendront noircir le papier,
Quand l'inspiration reviendra !

Il n'y a pas de quoi s'inquiéter
Lorsque l'inspiration est au plus bas,
La matière grise prend des congés,
Les jours se suivent, mais ne se ressemblent pas !

Malgré cette traversée du désert,
J'arrive à m'en sortir couci-couça,
On trouve finalement toujours des vers,
Même quand l'inspiration ne vient pas !

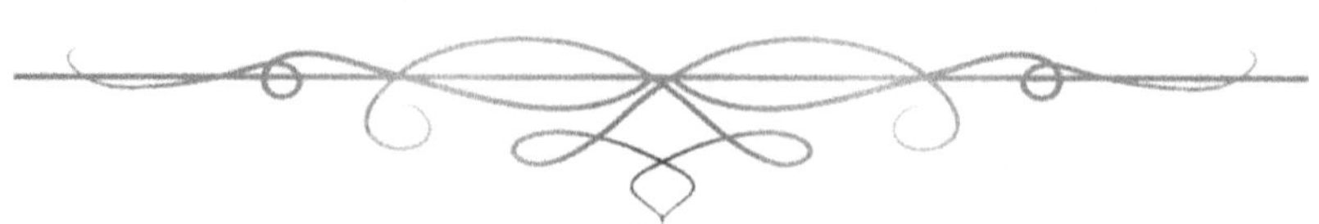

Jeu de rimes

Décasyllabes, alexandrins,
Rimes suivies, embrassées ou croisées,
Distiques, sizains, tercets,
Voilà de quoi en perdre son latin !

Quel casse-tête, pauvre de moi,
Que suis-je donc allée faire dans cette galère,
Venez à moi les Verlaine, Aragon et Baudelaire,
Nos références, nos maîtres, nos rois !

Litotes, métaphores, figures à l'infini,
Ballades, élégies, sonnets et madrigaux,
L'univers des Prévert, Racine, Musset, Rimbaud,
Que j'essaie humblement de maîtriser aussi !

Exercice malaisé, résultat incertain,
Quelle idée de partir ainsi à l'aveuglette,
Dans le sillage de ces illustres poètes,
Quelle fin trouver à mon dernier quatrain ?

Ne pas monter bien haut, peut-être, mais tout seul,
Suivant les bons conseils du sage Cyrano,
Je poursuis rassurée le tissage des mots,
Mais achoppe, navrée, sur une rime en eul !

Danse avec les mots

Si tu cherches un instant à t'évader,
Fais-le sur un bout de papier
En alignant un mot, puis deux, puis trois,
Ils sont nombreux, tu as le choix,
Ainsi naîtra ton premier vers
Et un beau jour, la poésie entière !

C'est un peu comme un scrabble géant
Sur la feuille et son manteau blanc
Où des vocables disponibles en paquets
Remplacent les lettres de ton chevalet
Et qui, au terme d'un fascinant périple,
Equivalent à « un mot compte triple » !

Ce n'est certes pas chose aisée
Que de s'essayer à faire rimer,
La langue française est si subtile
Qu'il faut se montrer habile
Pour éviter ses pièges par milliers,
Du mot inapproprié à celui mal orthographié !

Ne te soucie pas des ratures,
Elles disparaîtront au fur et à mesure
Que tu affineras, persévérant,
Ton travail d'artisan,
N'oublie pas de soigner le titre
Qui annoncera ton épître !

Devant ce jeu de créativité
Qui ne réclame ni cartes, ni dés,
Seuls une page et un crayon
Assortis d'un peu d'imagination,
On se sent libre comme un oiseau,
Cela s'appelle la danse avec les mots !

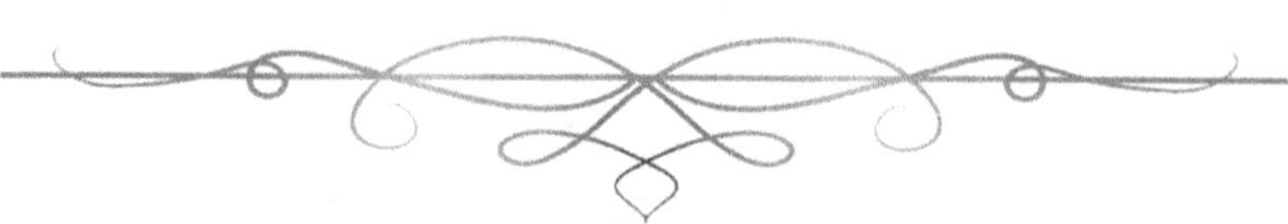

Et si

Et si j'avais comme idée
De les faire publier
Mes modestes poèmes,
Après tout, je les aime !

Et si je suivais les conseils
D'extraire mes mots de leur sommeil
Pour être passés par là,
Eux ne le regrettent pas !

Et si j'en faisais un recueil
De tous ces bouts de feuilles
Qui n'attendent peut-être que cela,
Sortir de leur anonymat !

Et si je tentais le coup,
Cet essai un peu fou
De les faire découvrir
Comme ça, pour le plaisir !

Et si je n'hésitais plus,
Ce qui hier encore était exclu,
En me lançant dans l'aventure
Avec ceux qui aiment la lecture !

Et si mes textes ne plaisent pas,
Là, seul l'avenir me le dira,
Qu'ils redeviennent confidentiels
Du moment qu'ils me sont essentiels !

Et si au contraire ils accrochent,
Je n'aurai pas raté le coche,
Alors, pourquoi ne pas me laisser tenter
Par cette expérience où j'ai tout à gagner !

Le temps qui passe

Aujourd'hui

Aujourd'hui, je vous l'apprends,
Aujourd'hui, c'est trop marrant,
Nous sommes tous des enfants !
Pour quelques secondes, pour quelques heures,
L'âge des quenottes, des menottes et des yeux rieurs !

Aujourd'hui, on fait semblant,
Aujourd'hui, c'est épatant,
Nous avons tous deux ans !
Tout un univers à découvrir, un monde à bâtir,
Fait d'interdits, de chagrins, de rêves et de plaisirs !

Aujourd'hui, c'est étonnant,
Aujourd'hui, c'est pas courant,
Nous avons tous quatre ans !
Nous devenons grand frère ou grande sœur,
Il faudra apprendre à partager ses parents, ses jouets, son quatre-
heures !

Aujourd'hui, c'est surprenant,
Aujourd'hui, c'est émouvant,
Nous avons tous six ans !
Nous savons désormais lire, écrire et même compter,
Il paraît que c'est essentiel dans une carrière d'écolier !

Aujourd'hui, c'est abracadabrant,
Aujourd'hui, c'est bouleversant,
Nous avons tous huit ans !
« Moi je serai maîtresse », « et moi banquier », « et moi
médecin » !
« Ben moi, je verrai bien, c'est pas pour demain » !

Aujourd'hui, c'est fascinant,
Aujourd'hui, c'est troublant,
Nous avons tous dix ans !
On grandit, on s'affirme, on joue les grands,
Sous le regard bienveillant d'un papa, d'une maman !

Aujourd'hui, profitez-en,
Aujourd'hui, plus pour longtemps,
Nous avons tous douze ans !
Nous continuons insouciants et choyés de couler des jours bénis,
Sans nous rendre compte que l'enfance est bientôt finie !

L'armoire
aux quatre saisons

Elle trône dans la chambre fièrement,
Coiffée de sa noble corniche,
Elle semble sans dommage traverser le temps,
Délaissant derrière elle une forêt toute en friche !

Et me voilà devant l'armoire aux quatre saisons,
Prête à l'ouvrir une nouvelle fois,
A la recherche d'un pull en laine ou en coton,
Qui, l'hiver, me protège du froid !

Elle porte les mêmes vêtements que moi,
A l'abri sur ses cintres ou sur ses étagères,
L'arrivée du printemps m'offre le choix,
Entre la chemise en jean ou le sweat vert !

L'été se fait sentir lorsqu'elle prend des kilos,
Au moment même où je suis plus légère,
Je lui abandonne volontiers mes habits chauds
Pour ne revêtir que la jupe, le short ou le corsaire !

Une année se termine lorsqu'elle se déleste,
Signe que l'automne frappe au carreau,
Il me faut ressortir le sous-pull et la veste,
Le bonnet, l'écharpe et le manteau !

Si nous avons les mêmes affinités,
Reste toutefois une différence notable,
Celle de me voir chaque année un peu plus fanée,
Pendant qu'elle, demeure inaltérable !

Souvenirs

De ma rue du 8 mai jadis florissante
Où affluaient sans arrêt passants et passantes,
Il ne reste de nos jours plus grand monde ni grand-chose,
Je peux vous en parler en connaissance de cause.

A la recherche de ces sons, ces images
Qui animèrent un temps mon attachant village,
Je ne retrouve rien ou presque, hélas !
Tant ces années furent belles, mais également fugaces.

Mes écoles à deux pas de chez moi,
Rasées depuis peu à mon grand désarroi,
D'elles me reviennent d'épars souvenirs,
Une cour, de longues fenêtres et des éclats de rire.

Le plaisir de retrouver chaque jour mes maîtresses
Pour leur attention, pour leur gentillesse
Et ces copains qui formèrent mon quotidien,
Bruno, Rachel, Valérie, Sébastien.

Comment ne pas évoquer ce célèbre café
Qui, s'il ne fut pas ma tasse de thé,
Comptait ses habitués, ses fidèles clients,
Rendant ainsi ce bourg extrêmement vivant ?

Et mes voisins les précieux boulangers
Chez qui je me hâtais pour acheter
Pains au chocolat ou aux raisins
Et tous ces bonbons dont raffolent les bambins.

La boulangerie qui existe elle encore,
Elle est peut-être même l'ultime trésor
D'une enfance heureuse dans ce tranquille Véron,
Comme je t'ai aimé mon village de Beaumont.

Et toi ma maison, et mon jardin surtout
Et mon tilleul, es-tu toujours debout ?
Ce temps passé dans mon grenier pas chauffé
Que je rejoignais comme on regagne son Q.G.

Ma rue, ma jeunesse, ma planète
Où j'allais, je venais avec ma bicyclette,
Ces quelques mots pour toi délicieux pensionnat
Et ne me remercie pas, je te devais bien ça.

Celui qui
ne voulait pas mourir

Il ne voulait pas de la mort,
Moi non plus je l'avoue,
Pour que parmi tous ces ténors,
Il reste un homme debout.

Que du cinéma de mon enfance,
Il subsiste un témoin,
Mais « Sept morts sur ordonnance »
Est déjà tellement loin.

On le pensait éternel
Devant Vincent, Paul et les autres,
Sans oublier Romy la belle,
Et le chagrin des siens devient un peu le nôtre.

Se fondant sans emphase dans le personnage
Avec un jeu rigoureux et précis,
Il séduisait le temps d'un tournage,
Contant à sa façon « Les choses de la vie ».

Un chapeau par-ci, une canne par-là
Et son talent faisait le reste,
Sur tous les plateaux de cinéma
L'homme excellait sans conteste.

A l'avoir vu camper durant des années
Tant de rôles depuis « Le Mépris »,
On en vint presque à oublier
Que les aiguilles tournaient pour lui aussi.

Ainsi, à ce visage longtemps reconnaissable,
Aux sourcils généreux et cheveux dégarnis,
Succédait celui presque méconnaissable
D'un acteur qui malgré lui avait vieilli.

Dernier des Mohicans,
Le comédien si sérieux, si vrai,
Finit sa course un jour de printemps,
Milou est mort en mai.

Mais les films sont pérennes, la carrière fructueuse,
Et le héros de « La passante du Sans-Souci »
Ou de « La belle Noiseuse »
Nous quitte sans être vraiment parti.

Avec les yeux

L'enfant a bien grandi et sa mère tant vieilli,
Obéissant au cours normal de la vie,
Les responsabilités se sont inversées,
Le plus jeune prenant en main son aînée.

Lui qui la tétait hier goulûment
Lui donne aujourd'hui la becquée patiemment.
Les échanges sont à présent silencieux,
Tout ne se dit plus qu'avec les yeux.

Il fut l'objet de ses tourments
Du haut de ses six, sept, huit ans,
L'enfant une fois devenu grand,
Les tracas ont changé de camp.

Elle était là pour ses blessures, ses fractures
Et ses accès de température.
Il s'enquiert maintenant de sa santé, soucieux
Comme on surveillerait le lait sur le feu.

S'il se plonge dans ses premières photos,
Il l'aperçoit à l'arrière guidant son landau.
Le temps œuvrant, le voilà la poussant,
Enfoncée au creux de son fauteuil roulant.

Du plus profond de sa mémoire,
Il la revoit surveillant ses devoirs.
A lui de la bousculer, de la stimuler
Avec le scrabble ou le yahtzée.

Lui qui la sollicita jadis souvent
Le jour, la nuit avec ses peurs d'enfant,
Que ne ferait-il pas aujourd'hui pour elle
Lorsqu'à tout moment désormais elle l'appelle.

Malade, fatiguée, elle se bat, elle s'accroche,
Sans doute n'ont-ils jamais été aussi proches.
Au bout du chemin, au seuil de l'éternité,
On peut tout se dire, tout se pardonner.

Le cinéma de Dewaere

Le ton juste et les traits expressifs
D'ange, de hors-la-loi ou d'écorché vif,
Se dessine alors une éblouissante carrière,
Mais que reste-t-il du cinéma de Dewaere ?

Incarner l'homme distingué autant que le jeune paumé
Avec facilité, sans surjouer, sans forcer
A l'image de cet étonnant long-métrage de « Beau-père »,
Mais que reste-t-il du cinéma de Dewaere ?

Côtoyer les plus grands acteurs de son temps,
Leur donner la réplique à en crever l'écran
Pour que tout s'arrête soudain en un éclair,
Mais que reste-t-il du cinéma de Dewaere ?

S'attirer les faveurs des réalisateurs
Parce que considéré comme peut-être le meilleur
Et s'éteindre précocement impasse du Moulin-Vert,
Mais que reste-t-il du cinéma de Dewaere ?

Etre promis à l'évidence à un grand avenir
Avec toutes ces pellicules à nourrir, à vêtir
Tant de films en projets pour ne finalement pas les faire,
Mais que reste-t-il du cinéma de Dewaere ?

Pouvoir occulter quand tourne la caméra
Les souffrances, les déboires, les tracas,
Se savoir malheureux et le taire,
Mais que reste-t-il du cinéma de Dewaere ?

Partir à trente-cinq ans donc ne jamais vieillir,
Vivre son art avec passion, puis choisir de mourir
Emportant sans un mot une grande part de mystère,
Il n'a pas pris une ride le cinéma de Dewaere.

On ne fait que passer

Le temps n'effraie pas les enfants,
Le temps n'effraie que les grands,
On se croit un moment à l'abri
Quand soudain s'accélère la vie.

Anonymes comme célébrités
Des temps actuels ou très reculés,
Passons par le constat amer
D'une existence trop éphémère !

Ces semaines, ces mois, ces années
Qui s'écoulent à un rythme effréné,
Menottés à l'ennemi invisible,
Suscitent en nous une souffrance indicible.

Ces journées de vingt-quatre heures
Bien trop courtes nous font peur
Et nous sommes hélas ! impuissants
Quand nos cheveux deviennent blancs.

Que le temps passe, pourquoi pas ?
Mais pas si vite, pas comme ça,
Que ce format de vie minuscule
Devienne conséquent avant le crépuscule.

Après ce quart d'heure de déprime,
Je reprends mes esprits et poursuis mes rimes
En invoquant le Carpe Diem
Comme antidote suprême.

Profiter, exulter, ne pas passer à côté
De ces jours qui nous sont comptés,
Car vivre intensément l'instant présent
C'est un peu ralentir la course folle du temps.

Devant sa fuite inexorable,
L'homme se sait vulnérable,
Revêtons-nous d'humilité
Puisqu'au fond, on ne fait que passer.

Combien de temps

Combien de temps nous reste-t-il
Avant d'être séparées à jamais ?
Cette question, mon talon d'Achille,
Enfant déjà, elle me hantait.

Combien de temps nous reste-t-il
Avant l'appel du trépas ?
Thème délicat, sujet difficile,
Seulement, la vie avance à grands pas.

Combien de temps nous reste-t-il
A nous avouer tout notre amour ?
Si tu savais comme il fut utile
A me construire jour après jour.

Combien de temps nous reste-t-il
A nous distraire autour d'un scrabble
Ou d'autres jeux aussi subtils
Pour quelques instants délectables ?

Combien de temps nous reste-t-il
A nous remémorer les êtres aimés
Qui nous ont précédées dans l'exil
Que tôt ou tard nous irons retrouver ?

Combien de temps nous reste-t-il
Pour écrire d'autres pages ?
De cette existence éphémère et fragile,
Nous retiendrons de beaux passages.

Combien de temps nous reste-t-il ?
Interrogation cruelle, mais légitime,
Interpellation qui m'obnubile
Au point de la graver dans ces rimes.

Combien de temps nous reste-t-il ?
A prendre avec le sourire,
Témoignage de mon amour indélébile
Dans la lucidité, sans se mentir.

Combien de temps nous reste-t-il ?
Nous le saurons hélas le moment venu,
Coulons tant que possible des jours tranquilles
Conscientes que ce qui est ne sera plus.

Combien de temps nous reste-t-il ?
Et je me sens soudain plus légère
Après cette déclaration fertile,
A toi, ma mère, que je vénère.

Elle sait

Hélas ! Cela va sans dire,
Elle en prend le chemin,
Même si elle n'exprime rien,
Elle sait qu'elle va partir.

Lucide sur sa maladie,
Sur le mal qu'elle va faire
En quittant cette terre,
Elle sait et moi aussi.

Quand elle vient et retire
Son traitement à la pharmacie,
C'est avec dignité et sans bruit,
Elle sait qu'elle va mourir.

Malade distinguée,
Docile de caractère,
Aidée des infirmières,
Elle sait ses jours comptés.

Patiente modèle,
Malgré son observance,
Malgré sa résilience,
Elle sait c'est sans appel.

Elle se bat c'est certain,
Repoussant ses limites
Avec un grand mérite,
Elle sait que c'est la fin.

Sereine et sans haine,
Détachée, apaisée,
Désormais résignée,
Elle sait sa mort prochaine.

Elle me donne une leçon
A chacun de ses passages,
Le corps usé par les dosages,
Elle sait que nous savons.

Le teint jaune, le souffle court,
Mais souriante comme jamais,
Elle force mon respect,
Elle sait les allers sans retour.

Soudain elle ne vient plus,
Cela ne lui ressemble pas
De baisser ainsi les bras,
Je sais qu'elle a perdu.

Je veux

Je veux ces tendres souvenirs
A l'image de ce premier sourire,
Vous offriez alors le plus beau des cadeaux
A vos parents qui en devenaient accros.

Je veux notre salle de jeux,
Notre pied-à-terre merveilleux
Avec sa poussière, son manque de lumière
Où nous passions des après-midi entières.

Je veux le musée d'Orsay
Pour ses paysages, ses portraits,
Pour le plaisir durant un instant
De contempler le fruit du talent.

Je veux mes copains Playmobil,
Petits bouts de plastique tranquilles
Qui peuplèrent jadis mon univers,
Printemps, été, automne, hiver.

Je veux notre première rencontre
Lorsque l'amour chez nous se montre,
Proposant un avenir dégagé
Sans chagrin, sans déboires, sans fumée.

Je veux cette visite du Colisée,
Ce lieu mythique que vous avez foulé,
Rattrapant deux mille ans d'histoire,
Etoffant votre répertoire.

Je veux les concerts de Renaud,
Mistral Gagnant, Manu, Les mots,
Sa sensibilité, sa tendresse, ses yeux bleus
Et ses mélodies qui rendent les gens heureux.

Je veux ces soirs de réveillon
Devant des extraits de Blanche-Neige, Cendrillon
Que je regardais en attendant de déguster
Tes délicats mets qui m'étaient destinés.

Cheveux blancs

A se regarder jour après jour dans la glace,
On perd progressivement la trace
De notre apparence d'antan,
Quand vous, cheveux, devenez blancs !

Vous vous faites discrets un certain temps,
Mais une fois-là, c'est définitivement
Que vous vous installez, que vous vous imposez
Sur notre tête, effrontés, culottés !

Rien n'est alors plus comme avant,
Il faut composer avec ou plutôt sans
Ces teintes qui apportaient à chaque personnalité
Sa touche d'originalité, sa propre identité !

Il est bien sûr possible de vous cacher
Sous une couleur châtain, blond, brun, henné,
Mais passés quelques jours, dans vos racines
Vos reflets blancs se redessinent !

Certains préfèrent vous arracher,
Vous ôter, vous plumer, vous scalper,
L'illusion est toutefois de courte durée,
Puisque toujours, tenaces, vous réapparaissez !

Jamais je n'aurais imaginé que votre vie de phanères
Puisse un jour inspirer ces strophes, ces vers
Et de trouver comme consolation à toute cette chienlit
Que seul celui qui est vivant blanchit !

J'écris pour vous

J'écris pour vous malades modestes,
Qui par votre bravoure, votre courage,
Méritez à mon sens sans conteste
Que vous soit rendu cet hommage.

Vous êtes mon quotidien,
De vos soucis je suis témoin.
Imaginer vos lendemains
M'attriste au plus haut point.
Alors de tout mon cœur je m'applique,
A évoquer votre duel,
Depuis l'annonce du diagnostic,
Jusqu'au verdict parfois cruel.

Le teint pâle, les traits tirés,
Une douleur si rebelle,
On vient vous annoncer,
Une mauvaise nouvelle.
Que vous ne croyez pas,
C'est sûrement une erreur.
Mais les résultats sont là,
Vous plongeant dans la peur.

Et le combat s'engage,
Valeureux, héroïque,
Face au mauvais présage,
Face au sale pronostic.
C'est la bataille pour la vie,
Vous le savez, vous le sentez,
Qui n'offre que peu de répit,
Peu de temps pour souffler.

Ce chagrin dans vos yeux,
Je l'ai vu si souvent,
Il gagne peu à peu,
Ceux de tous vos soignants.
Impuissance des mots
Aussi bien que des gestes,
On est loin des bobos,
On affronte la peste.

Si par chance la lutte tourne en votre faveur,
On se sent soudain plus légers,
S'éloignent vos angoisses, vos pleurs
Au profit d'une liberté retrouvée.
Mais lorsqu'après une joute ultime,
Vous vous éloignez à jamais,
Notre unique consolation dans cet abîme,
Est celle de vous savoir enfin en paix.

Ta voix a changé

Voilà, ça y est, nous y sommes,
Sonnant le poids des années,
Mon cher petit bonhomme,
Ta voix a changé.

Hier encore des sons aigus
Accompagnaient chaque mot prononcé,
Définitivement, ils se sont tus,
Maintenant que ta voix a changé.

Je me souviens devant tes décibels,
Avoir parfois pesté « vivement la puberté »,
Nulle crainte désormais pour mes oreilles frêles,
Puisque ta voix a changé.

Rien de grave, je te rassure,
Tôt ou tard la mue devait opérer,
C'est le processus normal de Dame Nature
Qui fait que ta voix a changé.

C'est le timbre de ton enfance
Qui t'a progressivement quitté,
Tu viens d'entrer dans l'adolescence
Et avec elle, ta voix a changé.

Il me reste celui de ton frère,
Pour conserver de ton passé,
Mais un jour de la même manière,
Je lui dirai ta voix a changé.

Il peut m'arriver lorsque tu téléphones,
D'être surprise par ta tonalité,
Je dois m'habituer, tu me pardonnes,
Tant ta voix a changé.

Ta voix a changé, et alors,
Tant qu'elle n'affecte en rien notre complicité,
Cher petit bonhomme, je t'aime encore,
Même si ta voix a changé.

Madame

Vous vous rapprochâtes de votre fille unique,
Sentant s'essouffler avec l'âge votre belle dynamique,
Restée dans mon village, il m'arrive très souvent
De me demander : où êtes-vous maintenant ?

Nous prolongeâmes un temps notre amitié
Au travers de chaleureux courriers,
De ces échanges humains qui font du bien,
Jusqu'à ce que soudain, plus rien.

Qu'êtes-vous devenue, Madame ?
Où brille désormais votre flamme,
Celle qui réchauffait les abîmés de la vie,
Les souffrants, les misérables, les sans-abri ?

Débordant d'empathie,
Vous écoutiez avec psychologie
Et tendiez votre main
Pour un réconfort certain.

En fervente chrétienne,
Plusieurs jours par semaine,
Vous combattiez par vos prières
Tous les maux de la terre.

Vous qui ne fûtes pas épargnée
Par le poids des rêves brisés,
Par les malheurs qui frappent ici ou là,
C'est votre foi qui vous aida.

Vous qui vous intéressâtes à tous ces gens,
Aux enfants, aux vieillards, aux mourants,
Toujours cette question qui reste en suspens,
Madame, où êtes-vous maintenant ?

La journée de 25 heures

Est-ce qu'on avance, est-ce qu'on recule ?
Que doit-on faire de cette pendule ?
Eternelle question à cette époque
Pour une réponse sans équivoque !

C'est la journée de 25 heures,
De laquelle nous sortons vainqueurs,
En allongeant notre dimanche,
Nous tenons sur le temps une revanche !

Elle est certes de courte durée,
Ne s'observant qu'une fois dans l'année,
Mais sur le moment, elle s'apprécie
Ne dit-on pas que ce qui est pris est pris ?

C'est le plaisir de la grasse matinée,
De moins se presser, de pouvoir souffler,
Quand tu te lèves à neuf, il n'est que huit heures,
Le passage à l'heure d'hiver pour cela, quel bonheur !

Ne prends toutefois pas trop de temps
A régler l'ensemble de tes cadrans
Si tu ne veux pas te retrouver
Rattrapé par la fin de journée !

Il était une fois

Il était une fois Ushuaïa, Thalassa,
La mer, les océans, leur profondeur,
La faune, la flore, un goût d'ailleurs,
Du sable du Sahara aux baleines du Sri Lanka.

Il était une fois Apostrophe,
Des auteurs, des livres par milliers
Pour des millions de familiers
Qui se reconnaîtraient dans cette strophe.

Il était une fois Les Dossiers de l'écran,
Quand la télé faisait son cinéma,
Un long métrage suivi d'un débat
Sur un générique éloquent.

Il était une fois Récré A2,
Tous autour de Dorothée,
Des dessins de Cabu, des dessins animés
Pour des mercredis merveilleux.

Il était une fois Le grand échiquier,
Ventura, Brassens, Devos, quel plateau !
Des rencontres, des échanges, des duos
Sur fond de bonne humeur, d'amitié.

Il était une fois Sept sur sept,
Le monde et ses souffrances,
Une certaine idée de la France,
Comprendre un peu mieux sa planète.

Il était une fois les années 80
Et leurs lots d'émissions de culture,
De distractions, d'aventures
Dont nous sommes aujourd'hui orphelins.

La journée de 23 heures

Est-ce qu'on avance, est-ce qu'on recule ?
Que doit-on faire de cette pendule ?
Eternelle question à cette époque
Pour une réponse sans équivoque !

C'est la journée de 23 heures,
Celle que nous avons en horreur
Qui atrophie notre dimanche
Avec cette heure qu'elle lui retranche !

Une fois par an quel regret,
La journée est plus courte que jamais,
On se console en se disant
Qu'ainsi, il fera clair plus longtemps !

« L'avenir appartient à ceux qui se lèvent tôt »
La maxime est ce jour fort à propos,
Il faut se montrer matinal
Pour profiter tant bien que mal !

Et trouver l'organisation
Qui donnera la sensation
De ne pas avoir été lésé
Par ce passage à l'heure d'été !

Désenchanté

Longtemps après avoir mis les voiles
Pour notre plus grand plaisir,
L'étincelante étoile
Se rappelle à notre souvenir.

Météore du cinéma,
Comédien fugace et pourtant
Il est bel et bien là,
L'inaltérable talent.

Par ses biographies,
Ses performances d'acteur
Et ses belles mélodies,
Musicien à ses heures.

Et je refais le tour
De sa filmographie,
De son joli parcours,
De ses traits de génie.

En insatiable fan
De cette figure désenchantée,
Sensible, fragile, diaphane,
A la carrière inachevée.

Cent ans

Il décline peu à peu,
On se sent impuissant,
Mais lui s'estime chanceux,
Le monsieur a cent ans.

Il y a l'usure des mains
Et les cheveux bien blancs,
Après un long chemin,
Le monsieur a cent ans.

Il n'y voit plus très clair,
Il écrit en tremblant,
Il n'y a pas de mystère,
Le monsieur a cent ans.

Il marche avec une canne
Le pas est hésitant,
Il a le teint diaphane,
Le monsieur a cent ans.

Il mange comme un moineau,
Il boit de temps en temps,
Sobre comme un chameau,
Le monsieur a cent ans.

Il regarde la télé,
S'endort souvent devant,
Fait quelques mots croisés,
Le monsieur a cent ans.

Il n'a plus peur de rien,
Il conjugue au présent,
Il a un ange gardien,
Le monsieur a cent ans.

Il repense à sa vie,
Bons et mauvais moments,
Il est content, il sourit,
Le monsieur a cent ans.

Rien n'est jamais acquis

Rien n'est jamais acquis,
Je l'observe sans cesse,
Plusieurs vies dans une vie,
Des douleurs qu'on encaisse,
Des épreuves, des défis
Et bien des maladresses.

On se croit un instant
Telle une forteresse,
Puissant, indépendant,
On dit « roulez jeunesse »,
Mais le temps, ses tourments
Défilent à toute vitesse.

Sonnant mes vingt-cinq ans,
J'ai prétendu moi-même
A l'amour, aux enfants,
Soit au bonheur suprême.
Après quelques printemps,
Tombe le malheur extrême.

Il faut alors quérir
En retroussant ses manches
D'autres éclats de rire,
D'autres joyeux dimanches
Et tenter de noircir
De nouvelles pages blanches.

Se raccrocher aux branches

Même si le pari semble impossible,
Même si l'épreuve est fort pénible,
Il faut tenter le coup,
Ne serait-ce que pour vous.

Du plus profond du trou,
Noyée dans le caniveau, dans l'égout,
Engloutie sous l'avalanche,
Se raccrocher aux branches.

Les branches de ses enfants
Et celles de sa maman
Qui distillent tant d'amour,
Qu'on se bat en retour !

Pour ne pas décevoir,
Pour donner une once d'espoir
A tous ceux qui soutiennent
Un moral en berne, une âme en peine.

Tout cela prendra du temps
Je m'y attends, je le sens,
A coups de colères, de petits bonheurs
De grands chagrins et de peur.

Rien n'est jamais acquis ma fille, mes garçons,
Retenez s'il vous plaît dès à présent la leçon :
Moi aussi je sais,
Je sais qu'on ne sait jamais.

Magnifique

La nouvelle est tombée,
Nous laissant médusés,
En cette fin d'été,
L'acteur s'est envolé.

Soudain plongés dans la peine,
Les Français, unanimes, se souviennent
De Stavisky, Pierrot le fou,
Un coup Flic, un coup Voyou.

Dès lors pendant toute une semaine,
Il occupa les grandes chaînes,
Dans des répliques faisant mouche
De Borsalino à Cartouche.

Le héros courageux et résilient
Qui fit mon émerveillement enfant,
De l'As des As au Marginal,
Méritait bien des obsèques nationales.

Désormais l'Homme de Rio, le Cyrano
A rejoint tout là-haut au chaud
Ses copains du cinéma ou de la scène,
Rochefort, Marielle, Robert Hossein.

Et ici-bas les admirateurs
Du Guignolo, de L'Alpagueur
Gardent à jamais le sourire éternel
Du Magnifique et attachant Bébél.

Au théâtre ce soir

Ce soir, c'est la dernière,
Il termine là sa carrière
Avec un trac colossal
Détrônant celui d'une générale.

Après de bons et loyaux services
Rendus entre scène et coulisses,
Il salue et il part
Sans costumes ni fard.

Lui, l'interprète fertile
En tragique, en comique, en vaudeville,
Aimerait quitter les planches
Sur une bonne note ce dimanche.

Il craint les trous de mémoire
A son âge, on veut bien le croire,
Il redoute la pièce de trop
Et préfère baisser le rideau.

Il ne ressentira plus jamais ce frisson
Quand résonnent les trois coups de bâton.
Au-delà des décors, lui manqueront, c'est sûr,
Les pendrillons, les bravos, les murmures.

Il a tout joué, tout donné,
On ne peut être et avoir été,
Depuis sa loge, il se répète en secret
Qu'il s'en va sans chagrin ni regret !

Il remercie Corneille et Ionesco,
Molière, Rostand, Guitry, Feydeau,
Il leur doit une fière chandelle,
Celle de lui avoir offert une vie si belle.

Et il remercie son public
Pour cette communion unique,
Celui qui se déplaçait en nombre le voir
Se produire au théâtre le soir.

Toi qui te ris de moi

Fidèle à son image, la faucheuse narguait,
Elle me chuchotait des mots attendrissants,
Attendant patiemment que mon âme d'enfant
Se laisse ainsi guider tout droit dans ses filets.

Inéluctablement, douleur elle a causé,
Créant partout ainsi un vide immense et dense,
Rappelant à chacun l'éphémère existence,
Que la vie est fragile, qu'il faut la protéger.

Toi, qui te ris de moi, Toi qui ris de ma peine,
Toi, qui te ris de nous, qui nourris notre haine,
Sache qu'au fond de moi, tu ne me fais pas peur.

Le glas pourra sonner, Toi prête à m'accueillir,
Ne te réjouis pas trop, je choisirai mon heure
Et prendrai tout mon temps pour m'en aller mourir.

Manon Pellegrin

Les enfants, la famille

A Manon

A peine pointé le bout de ton nez,
Et déjà petite tu m'émerveilles,
Ton fiancé n'est encore qu'un bébé,
Je peux dormir sur mes deux oreilles !

Tu fais de nous d'heureux parents,
Te voir dormir, t'écouter chanter,
Et vivre pleinement ta vie d'enfant,
Nous inonde de soleil et de gaieté !

Le temps passant, tu deviens l'aînée,
D'un petit Rémi, d'un petit Pierre,
Et s'ils changent tes repères, tu l'admets,
C'est quand même bien d'avoir deux frères !

Manon, ma douce, ma jolie, ma fille,
Tu verras que parfois la vie déstabilise,
Accumule tant que tu peux auprès de ta famille,
Joie et insouciance que ton jeune âge autorise.

Au moment où j'achève ton poème,
Il me faut conjuguer ton enfance au passé,
Mais sois rassurée, je continuerai de dire je t'aime,
A chaque fois que tu pointeras le bout de ton nez !

Rémi

Vêtements trop petits
Pour un tel gabarit,
Tu mettais pourtant du dix ans
Il n'y a pas si longtemps !

Je remise dans l'armoire
Ta jolie chemise noire
Qui compte maintenant sur Pierre
Pour poursuivre sa carrière !

Et que dire de tes pieds
S'allongeant volontiers,
A peine chaussé en quarante
Qu'il faut penser pointure suivante !

Moi qui naguère courbais le dos
Pour t'embrasser mon marmot,
Je te laisse désormais te baisser
Quand tu veux m'enlacer !

J'avoue mon impuissance
Devant ta folle croissance,
Tout ne servit qu'un moment,
Tant tu poussas constamment !

Ce qui me ravit, cela dit mon Rémi,
C'est ton bel état d'esprit
Qui, malgré le temps qui passe,
A su rester à sa place !

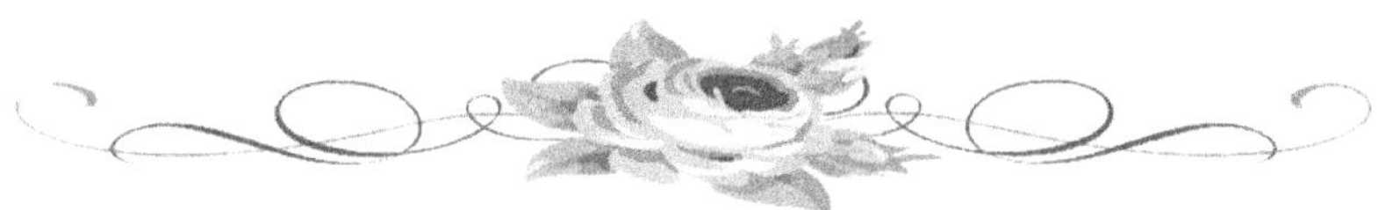

Le poème de Pierre

Mais comment se fait-il,
Que tu n'aies pas ton poème ?
Ne te fais pas de bile,
Ce n'est pas un problème !

Il n'y a pas d'urgence,
A t'écrire, t'honorer,
Profite de ton enfance,
J'y songe de mon côté !

Je t'observe, je te scrute
Dans mon coin secrètement,
Laisse-moi quelques minutes,
Pour évoquer tes neuf ans !

J'y mets ta joie, tes rires,
Monsieur Pierre, Monsieur Heureux,
C'est un réconfort de lire
Tant de lueur dans tes grands yeux !

J'y ajoute tes accès de colère,
Ta moue et ton entêtement,
Mais malgré ces quelques travers,
Tu restes un chouette enfant !

J'y loue ton intelligence,
Ta rapidité d'action, de déduction,
Tu nous sidères quand on y pense,
Par tes capacités de réflexion !

Découvre dans ces vers,
La tendresse, la fierté, l'émotion,
Et tout l'amour d'une mère,
Pour son petit garçon !

Sept années vous séparent

Alors que tu travailles sans rechigner,
Eclipsant presque déjeuners et dîners,
Lui pousse ses voitures et son car,
Sept années vous séparent.

Ton avenir n'est pas encore tracé,
Tu n'as pas d'idées, mais tu dois t'orienter,
Ton cadet se moque du tiers comme du quart,
Sept années vous séparent.

Les devoirs te retiennent éveillée,
Et rendent interminables tes journées,
Ton petit frère ne se couche jamais tard,
Sept années vous séparent.

Tu t'infliges de nombreux sacrifices,
Excepté quelques heures de tennis,
Et lui qui ne manque aucun Fort-Boyard,
Sept années vous séparent.

Ces Post-it collés sur tes murs,
Ces fiches précieuses de relecture,
Pierre trouve cela plutôt bizarre,
Sept années vous séparent.

T'attendent de rudes années,
Avant d'être enfin diplômée,
Le frérot navigue en père peinard,
Sept années vous séparent.

Lorsque son tour viendra de se confronter
Au programme exigeant du lycée,
Tu brandiras ta liberté en étendard,
Sept années vous séparent.

Ta majorité

Si loin ton premier cri,
Ta première nuit,
Le temps sur notre étreinte
A posé son empreinte.

Front un peu ridé,
Lunettes sur le nez,
Je repense avec nostalgie
A ces instants bénis.

Tes yeux rieurs,
Tes dents du bonheur,
Tes biberons en verre,
Ta première cuillère.

Ton lit à barreaux,
Tes robes à carreaux,
Ton doudou, ton hochet,
Tes multiples jouets.

Tes années maternelle,
La cantine, la marelle,
Les carnavals, les kermesses,
Le petit âge et ses promesses.

Les rencontres essentielles,
Les amies éternelles,
La réussite scolaire,
Tous ces anniversaires.

Et arrive ta majorité !
Dix-huit bougies à souffler,
Un vent nouveau de liberté
Balaie tes jeunes années.

L'art d'être mamie

C'est un amour infini
Qui l'unit à ses petits,
Un rôle qui lui sied à merveille,
Dans lequel elle n'a pas son pareil !

A Manon, Pierre et Rémi,
Le doux plaisir d'être mamie
Comme un tableau aux mille charmes
Que je contemple émue aux larmes !

Les avantages sans les tourments,
Plus facile que d'être maman,
Bien des grands-mères vous le diront,
Sans doute ont-elles raison !

De leurs joies à leurs colères,
Elle écoute, elle console, elle tolère,
C'est leur principale confidente,
Me reléguant en file d'attente !

Ces tendres instants de complicité
Autour d'un jeu de société,
Ces moments de partage essentiels
Qui rappellent la douceur du miel !

Générosité, attention, indulgence,
Fidélité, gentillesse, bienveillance
Et des « je t'aime » à l'infini,
Voilà tout l'art d'être mamie !

Rue d'Angiviller

Tu plantais tes salades, tes haricots verts
Dans ton potager rue d'Angiviller,
Avec cette dose de savoir-faire
Qui faisait ta particularité.

Le dessinateur que tu étais
N'entendait que minutie, justesse, perfection
Et toute ta vie à Rambouillet
Se déroula à cette seule condition.

Je te revois affûter ton couteau
Avec une extrême précision
A en faire trembler ton gigot
Qu'il fût d'agneau ou de mouton.

Et le temps que tu passais dans ton cabanon
A raboter, ajuster, fignoler sur ton établi
Entouré de papier de verre, de vis, de boulons,
Tu aurais pu ouvrir une quincaillerie.

Quand tu te levais vers les cinq heures
Pour rejoindre la gare et ton train,
C'était en cravate, costume et de bonne humeur
Te projetant déjà dans tes cotes, tes dessins.

Tu ne te déplaçais jamais
Sans ton précieux étui à lunettes
Abritant crayon bien taillé et réglet
Qui trouvaient là une bonne cachette.

Même pour remplir tes mots croisés,
Tu disposais du dictionnaire,
Bien que tes connaissances soient élevées,
Tu gardais les deux pieds sur terre.

Tu avais dans ton bleu regard
Tant de tendresse, de gentillesse,
Que bien des années plus tard,
Elles te survivent et me caressent.

Au travers de cette évocation
Retraçant tes principales qualités,
Me revient cette intime conviction
Que tu personnifias la bonté.

Tu plantais tes salades, tes haricots verts
Dans ton potager rue d'Angiviller.

Chez François

Tu t'y sens comme chez toi,
Aussi dès que l'occasion se présente,
C'est avec une joie débordante
Que tu rejoins la demeure de François !

Tu aimes tant aller à Cloyes
Pour cette courtoisie, cette chaleur,
Pour cette culture, cette bonne humeur
Qui émanent de ton affable François !

Si tu ne devais citer qu'un endroit,
Ce serait son délicieux jardin
Où, petit, tu déambulas caha-cahin
Sous le regard attendri de François !

Par tes beaux yeux, ton fin minois,
Ton intelligence, ta gentillesse,
Ta sensibilité et ta jeunesse,
Tu as gagné l'attachement de François !

Ton seul regret, ton désarroi,
Cette distance qui reste un frein
Et cet emploi du temps bien plein
Réduisant tes passages chez François !

Ce n'est sans un certain émoi
Que tu repenses à ces instants bénis
Où nous étions tous les sept réunis
Dans cet havre de paix chez François !

Cette affection que tu reçois
Est un juste retour des choses
Pour tout l'amour que tu proposes
A celui que tu prénommes Kankois !

Pierre le Grand

J'ai rangé ton réhausseur
N'étant désormais plus de rigueur,
Bien que cadet tu as grandi,
On ne peut retenir la vie !

Il rejoint le siège auto
Mis lui aussi au repos
Et le reste de l'attirail
Un temps utile à ma marmaille !

Dans un coin du grenier,
Je les amasse volontiers,
Ne pouvant m'en séparer
Telle une huitre à son rocher !

Ils signent tant de souvenirs
Un univers de malice et de rires !
Chaise haute, landau,
Trotteur, transat, lit à barreaux !

Sans oublier le lit parapluie
Bien commode certaines nuits,
Et ce parc où s'entassaient
Peluches et multiples jouets.

Puisse cette puériculture
Continuer son aventure
Lorsque un jour je l'espère
Vous me ferez grand-mère !

L'apprentissage de la vie

Les rangs
de la salle de classe

Qu'il faisait bon lire au premier rang d'la salle de classe,
En silence ou à haute voix ces consonnes et ces voyelles,
Ballet incessant de tous ces mots qui s'entrelacent,
Pour nourrir les pages d'un récit, d'un roman, d'une nouvelle !

Oui, c'était le bon temps,
Comme j'aimerais réemprunter,
Ne serait-ce que l'éclair d'un instant
Le doux chemin des écoliers !

Qu'il faisait bon compter au second rang d'la salle de classe,
Dans sa tête, sur ses doigts, à l'aide d'un boulier,
Peu importe la méthode si elle est efficace,
Pour reporter sur l'ardoise le résultat escompté !

Oui, c'était le bon temps,
Des additions, des divisions, et autres opérations,
Que nous exécutions assidûment,
Exception faite des punitions !

Qu'il faisait bon réciter au troisième rang d'la salle de classe,
Les classiques signés Carême, Prévert, Hugo ou Daudet,
Maintes fois entendus, mais dont on ne se lasse,
Et qu'un simple effort de mémoire suffit à ranimer !

Oui, c'était le bon temps,
Et je me souviens avec nostalgie,
Des cours de mes enseignants
En Français, Histoire et Géographie !

Qu'il faisait bon chanter au quatrième rang d'la salle de classe,
A demi voix ou à tue-tête les mélodies du moment,
Pour détendre un instant ou pour laisser une trace,
A la fête des écoles devant tous ces parents !

Oui, c'était le bon temps,
Et je suis toute chavirée,
En revoyant ces photos d'enfants
Prises un beau jour de rentrée !

Qu'il faisait bon bâiller au dernier rang d'la salle de classe,
Les fatigués, les affamés, les pas concernés des cahiers,
Les écoliers du dimanche qui rêvent d'une autre place,
A l'ombre d'un préau, à la lumière d'une cour de récré !

Oui, c'était le bon temps,
Les crayons, les gommes, les tubes de colle,
Les tableaux, les pupitres et les bancs,
Oui, c'était tout ça l'école !

Le maître d'école

Au portail de bonne heure
Pour accueillir grands et petits,
Je veux parler du directeur
De votre école Joliot Curie.

Un univers rempli d'écoliers
Du plus brillant au moins actif,
Le plaisir constant de les gratifier
De bons principes éducatifs.

Transmettre sa passion pour la musique,
Pour l'histoire, pour l'allemand.
Le programme est sympathique
Et séduit bon nombre d'enfants.

Toujours dans la douceur,
La courtoisie, la gentillesse,
L'homme a la générosité du cœur
Et le goût de la jeunesse.

A Rémi, Jeanne, Albane et Noah,
Pierre, Anna, Alice et Marie,
La joie d'être passés par là,
Que secrètement je vous envie.

Je vous devine, plus âgés,
Pensant émus à sa carrière,
Unanimes vous écrier :
« Il fut mon maître et j'en suis fier ».

Classe de mer

C'est ton projet et tu y tiens
Pour les changer du quotidien
Avec ces jours moins ordinaires
Où tu les emmènes en classe de mer.

Ce n'est pas facile, tu dois bien l'avouer,
C'est une lourde responsabilité,
Un gros travail de préparation,
En vue d'une semaine d'exception.

On se retrouve le jour du départ
Parents, enfants, trousseau autour du car.
De certains yeux s'échappent des pleurs,
Vite séchés par les accompagnateurs.

Vous voici à Piriac-sur-Mer,
Prêts pour un grand bol d'air.
Au programme pour s'initier,
Une saine partie de pêche à pied.

Tu connais bien les lieux magiques,
Port de la Turballe, Océarium du Croisic,
Maison de la pêche, Sentier des douaniers
Qui enchantent tes écoliers.

Et bien sûr les marais salants
Qui dévoilent toute la richesse de l'océan,
Que de choses à raconter, de photos à coller
Dans les cahiers une fois rentrés.

L'occasion également de les familiariser
Avec l'univers du poisson fraîchement péché.
Si les fruits de mer font sourciller,
Les crêpes, elles, sont plébiscitées.

Dernière visite, dernier achat souvenir,
Les voyageurs s'apprêtent à repartir,
Tout en ramenant tes élèves en Touraine,
Tu penses peut-être à ta classe de mer prochaine.

Scènes de scolarité

L'un en primaire, l'un au collège, l'une au lycée,
Chacun ses quartiers et sa destinée,
Trois sacs, trois poids différents,
Voici le quotidien de nos jeunes gens !

Certains ont leur chauffeur privé,
D'autres, le car qu'il ne faut pas rater,
C'est ainsi que lorsque vous deux dormez encore,
J'en connais une qui est déjà dehors !

Au moment où le cadet récite sa table de six,
Son frère débute sa section de tennis
Et leur aînée évacue doucement la pression
Après d'intenses heures d'évaluation !

Lorsque l'écolier conjugue à l'imparfait,
Le collégien s'exprime lui en anglais,
La lycéenne valide son ticket de cantine
Et moi, je saisis tout ça sur ma machine !

Avec le dîner arrive le seul moment commun,
Chacun y évoque sa journée, son train-train.
On se retrouve à cinq, alors on en profite
Avant que définitivement chacun d'entre eux nous quitte !

Lorsqu'une épidémie sans précédent
Vient bousculer leur emploi du temps,
C'est de la maison, tous confinés,
Qu'ils poursuivent leur mission en élèves déterminés !

L'un en primaire, l'un au collège, l'une au lycée,
Pour la troisième et dernière année,
Viendront bientôt d'autres scènes de scolarité
Avec l'un en primaire, l'un au collège, l'une en université !

Leçon de piano

Comme tu monterais à l'échafaud,
Tu te rends à ton cours de piano
Le cœur gros, traînant les pieds
Tu pars retrouver le clavier.

N'en fais-tu pas un peu trop
Lorsqu'arrive ta leçon de piano ?
Espérant peut-être nous décourager
Avec la portée, ses notes et ses clés.

Tu ressembles à tous ces marmots
Qui rechignent à apprendre le piano,
Considérant la lecture des partitions
Comme une lourde et injuste punition.

Elle est longue la maîtrise des morceaux,
Mais c'était ton choix de t'essayer au piano,
Persévère jusqu'à ce que tu sois à l'aise
Avec les bécarres, les bémols et les dièses.

Tu l'ignores, mais c'est s'échapper très très haut
Que de pratiquer guitare, violon, piano,
Nous insistons, c'est vrai à raison ou à tort,
Persuadés de la progression de tes accords.

Et crois-moi ce n'est pas du pipeau,
Tu t'en sors plutôt bien avec ton piano,
Sache que le fait d'avoir ton âge
Est un atout dans ton apprentissage.

Peut-être qu'un jour mon Pierrot,
Tu te féliciteras devant ton piano,
Eprouvant joie et fierté comme Rémi,
Devant ces Fa Sol La Si Do Ré Mi.

Le cahier de vacances

A peine la trousse fermée,
Tout juste le cartable rangé
Qu'un nouveau cahier de vacances m'attend.
Merci papa, merci maman !

Quelle idée farfelue,
Quelle farce incongrue
Que ce cahier de vacances.
Vous parlez d'une récompense !

Je donne pourtant de ma personne,
Toute l'année, je m'instruis, je raisonne,
Alors quand se profilent les vacances de Juillet et d'Août,
J'aspire à autre chose que ce cahier de mauvais goût !

Si j'écoute vos arguments,
C'est un cahier de vacances ludique et distrayant.
Certes, vous n'avez pas tout à fait tort,
Tant les créateurs font des efforts !

Ce n'est toutefois pas une raison pour saboter
Les deux plus beaux mois de l'année, mon été.
Avec ces quarante pages de cahier de vacances,
On se regarde en chiens de faïence !

Vous pourriez faire des économies
Sans l'achat routinier de ce cahier maudit.
Qu'on ne vous entende pas ensuite faire des reproches
Comme quoi ils vous coûtent cher vos mioches !

Et le comble dans cette histoire
C'est qu'en fouillant tout au fond d'un tiroir,
J'ai retrouvé un cahier de vacances même pas fini !
Vous ne devinez pas, eh bien ! le tien, maman, pardi !

Conseils à l'étudiante

Nouvelle étape dans ta jeune vie,
Il est venu le temps de quitter le nid,
Ton foyer, ta maison, ton cocon
Et de rejoindre d'autres horizons !

Nous ne te mettons pas à la porte,
Nous serons toujours là pour te prêter main-forte,
C'est l'enfance qui ne veut plus de toi
Et qui t'invite à rechercher ta voie !

Munie de ton passeport d'étudiante,
Te voilà propulsée dans la belle ville de Nantes
Avec cette place que tu as décrochée
Dans un de ces lycées réputés !

Nous te devinons tendue,
Un peu anxieuse, un peu perdue,
Le contraire serait étonnant
Et de notre côté, nous le sommes tout autant !

Nous te savons aussi bien installée
A l'abri, au calme, dans la clarté,
Tous les voyants nous semblent au vert
Pour que tu avances dans la lumière !

Attends-toi aux instants de cafard,
Dès maintenant ou bien plus tard,
Nous passons tous par là,
Ne t'inquiète pas, cela ne dure pas !

Aménage-toi parfois du temps
Pour de menus divertissements
Autour d'un air de guitare
Ou pourquoi pas d'un bon polar !

N'oublie surtout jamais notre fierté
Devant ta brillante scolarité,
Que tes capacités, ta volonté et ton courage
Te servent à écrire d'autres pages !

Un beau chapitre

Qui dit rentrée, dit poème !
Avec ce sempiternel thème,
Dès que septembre renaît,
S'évoquent les crayons, les gommes, les craies !

On se met sur son trente-et-un,
Chemisier, jupe à fleurs, mocassins,
Les cheveux plus laqués que jamais,
On pose pour le traditionnel portrait !

Les visages en disent long,
Bien davantage qu'un sermon,
Sur la joie de se retrouver
Ou le chagrin de quitter l'été !

Ce jour si particulier
Pour des milliers d'écoliers
L'est autant pour les enseignants
Et chamboule le cœur des parents !

On admire sa progéniture
Qui repart dans une nouvelle aventure.
Elle commence par l'appel dans la cour
De tous ces prénoms choisis un grand jour !

Le sien qui résonne au micro
Et l'on regarde s'éloigner son héros
Il nous tarde déjà de le revoir,
Promis, on le retrouvera ce soir !

Pour toi, mon Pierre, cette rentrée a la saveur
Des années « primaire » qui vivent leurs dernières heures,
Tu refermes avec elle un beau chapitre
Voilà, ça y est, j'ai mon titre !

La leçon

Elle voulait son indépendance
Si pressée de quitter l'adolescence,
Mais une fois le moment venu,
Tout se révéla moins simple que prévu !

Un studio soudain trop grand
Lorsqu'on en devient le seul occupant
Et toute cette intendance à maîtriser
Les lessives, le ménage, les dîners !

Elle avait comme rêve au fond d'elle,
De vouloir tôt voler de ses propres ailes,
Se croyant à jamais à l'abri
Des tracas qui empoisonnent la vie !

Elle manifestait beaucoup d'entrain
Dans la recherche des horaires de son train
Pour retrouver dès le vendredi soir
Sa famille, sa maison, son histoire !

Elle reçut de ce saut dans l'inconnu
Les claques que le quotidien distribue,
Qui en déconcertent sur l'instant plus d'un,
Mais qui servent également pour demain.

Elle se rendit enfin surtout compte
Sans gêne, sans pudeur et sans honte,
De l'amour indéfectible et puissant
Qui l'unissait à ses frères et ses parents !

Sur le chemin
des écoliers

Sur le chemin des écoliers,
Billes et calots au fond des poches,
J'emporte ma besace, mes cahiers
Et deux gros trous dans mes galoches !

Sur le chemin des écoliers,
Je me récite en hésitant,
Car je ne la sais qu'à moitié
« Le laboureur et ses enfants » !

Sur le chemin des écoliers,
Qui longe le silencieux canal,
J'hume le parfum des noisetiers
Et sens la fraîcheur automnale !

Sur le chemin des écoliers,
Je pense à la jolie Aimée
En m'imaginant volontiers
Qu'elle vieillira à mes côtés !

Sur le chemin des écoliers,
Je croise une rainette écrasée,
J'arriverai encore le dernier,
Car pour l'heure, je vais l'enterrer !

La maison de Julien

A Bernard Clavel

Julien est mort depuis longtemps,
Mais pas tant que cela finalement,
A lire son passé romancé,
On pourrait presque lui parler.

Il a quatorze ans en trente-sept
Lorsqu'il se met en quête
D'une activité d'apprenti
Qui lui fera gagner sa vie.

Et il choisit la pâtisserie,
Ses sucreries, ses viennoiseries,
Le quotidien d'un rude métier
Pour ses frêles épaules d'ouvrier.

C'est le temps de l'humiliation,
Du courage, de l'abnégation,
Dans des conditions inhumaines,
Plus d'une fois, il ravale sa peine.

C'est aussi l'époque de l'amitié,
De l'esprit de solidarité
Avec un chef qui vaut de l'or
Et qui lui transmet tant et encore.

Julien range pourtant son tablier,
Il ne sera jamais pâtissier,
Mais riche de ces deux ans d'épreuves en somme,
L'adolescent est devenu un homme.

Jour sans retour

Encore quelques cris dans la cour,
Pirouettes, cabrioles,
Et vous quitterez l'école,
C'est le jour sans retour.

Le maître, une dernière fois
Fait l'appel dans sa classe.
Certains déjà rêvassent
Quand d'autres lèvent le doigt.

L'encre est sèche depuis peu
Qu'il vous faut ranger cahiers,
Crayons, trousses d'écoliers,
Et ce tableau émeut.

Finis les dessins sur les murs,
Les séances de collages,
Celles de bavardages,
Et les pages d'écriture.

Sonne l'instant poignant,
Où vous les CM2
Prenez congé des lieux,
Armés de vos onze ans.

Bientôt les plus grands des petits
Seront les plus petits des grands,
Comme tu le dis si justement,
Et ainsi va la vie.

Têtes à poux

Levez le doigt, vous, les chanceux
Qui n'avez jamais eu trace dans vos cheveux
Du passage de ces insectes antipathiques
A mi-chemin entre la puce et la tique !

Bijoux, cailloux, choux, genoux,
Hiboux, joujoux et poux !
Un indice et je lève le mystère
Autour de ces répugnants locataires !

Qui ont l'art et la manière
Dans une ténacité familière
De nous provoquer, nous narguer
Avec leurs lentes à volonté !

A nous d'être persévérants
Pour délivrer nos chers enfants
De ces petites bêtes indélicates
Qui prennent leurs têtes pour des pénates !

Et c'est dans une sérieuse mise au point
A grand renfort de peignes et de shampooings
Que l'on vient à bout, mais non sans mal
De ces créatures infernales !

Tu regardes le monde

(A Pierre)

Pendant que les heures, minutes, secondes
S'égrènent invariablement,
Du haut de tes dix ans,
Tu regardes le monde.

Devant les progrès qui abondent,
Tu te veux incrédule,
Avec méfiance, avec recul,
Tu regardes le monde.

L'esprit vif et l'humeur vagabonde,
Tu oscilles entre sérieux et légèreté,
Tu sais qu'il faut en prendre et en laisser,
Tu regardes le monde.

Muni d'une soif profonde,
Débordant de vie, tu te proposes
De réaliser de belles choses,
Tu regardes le monde.

Tandis qu'autour de toi la terre gronde,
Tu suis ton petit bonhomme de chemin,
Déterminé, calme, serein,
Tu regardes le monde.

Vie de sorcière

Dans tous les livres sur mon compte,
Je sais hélas ! ce qu'on raconte,
J'occupe une place particulière,
Celle répugnante de sorcière !

On ne fait que me montrer du doigt,
M'a-t-on au moins donné le choix
En m'affublant de cette manière
Avec ces haillons de sorcière ?

Ongles longs, nez crochu,
Cheveux mêlés, chapeau pointu,
C'est à cette apparence grossière
Que se résume mon physique de sorcière !

Parce que je lance des sorts,
Parce que je parle fort,
On ne fait que me jeter la pierre
Sous prétexte que je suis la sorcière !

Savez-vous par hasard ce que j'ai dans le cœur ?
Peut-être l'amour des enfants, celui des fleurs,
Délivrez-vous de vos œillères
Et vous serez étonnés par la sorcière !

Vous qui me blâmez, qui me jugez,
Vous êtes finalement contents de me trouver,
Car au risque de vous décevoir,
Sans sorcière, il n'y aurait point d'histoire !

L'amitié

Les copines d'abord

C'est un fameux réseau d'amies
Que je viens présenter ici,
Des pépites, des joyaux, des trésors,
Les copines d'abord !

Il y a Coco et Nathalie
Il y a Véro et puis Claudy,
C'est un bien joli quatuor,
Les copines d'abord !

Il y a Sandra et puis Christine
Il y a Sissi, deuxième Corine,
Quelle belle palette multicolore,
Les copines d'abord !

Elles possèdent l'élan du cœur
Dans les bonheurs, dans les malheurs,
Elles donnent du baume à l'âme, au corps,
Les copines d'abord !

A leur côté, en leur présence,
Au poids de leur intelligence,
On se sent soudain bien plus fort,
Les copines d'abord !

Une pensée pour leurs maris
Qui ont un rôle à jouer aussi
Dans cette harmonie, ces accords,
Les copines d'abord !

Qu'elles continuent de cultiver
Cette saine complicité
En ces temps durs, ça vaut de l'or,
Les copines d'abord !

Cela vous rappelle une chanson ?
Oui, c'est elle, vous avez raison,
Après les copains d'abord, les copines d'abord,
Après les copains d'abord, les copines d'abord !

Ton invitation

Mille et un mercis pour cette invitation,
Instant précieux entre intimes,
Qui me donne à nouveau l'occasion,
De sortir mon passionnant jeu de rimes !

Oui un nouveau poème fidèle lectrice,
Mais à la différence que pour une fois,
C'est toi qui en deviens l'inspiratrice,
Eveillant chez moi une très grande joie !

Laisse mes mots simples, mes mots de tous les jours,
Mettre en lumière ce parcours qui est le tien,
Qui fait le bonheur de tous ceux qui t'entourent,
Ta famille, tes amis, sans oublier tes collégiens !

Nous concernant, l'histoire commence en maternelle,
Lorsque la vie réunit ton Noah, mon Rémi,
Progressivement, les grands s'en mêlent,
Et l'amitié gagne les cœurs de Nathalie et Sophie !

Il est impossible de ne pas t'aimer.
Toi, ton mari, vos quatre enfants chéris.
On en revient toujours à cette même idée,
Qu'elle est formidable notre Nathalie !

Continue de cultiver ce qui fait ton charme,
Ta spontanéité, ton écoute, ta bonté,
Celle qui parfois nous laisse échapper des larmes,
Et nous donne l'envie de te couvrir de baisers !

La cave de Laurent

Creusée dans la pierre,
Disposant de peu de lumière,
Elle attend patiemment,
La cave de Laurent !

Le fin connaisseur nous la fait visiter,
Tout est rangé, classé, clair comme du rosé,
Ses paroles sont avisées, nous écoutons religieusement,
Les gens passionnés sont passionnants !

Et il nous entraîne dans ses nombreux voyages,
Qui lui ont fait découvrir tel ou tel cépage,
Bientôt vient l'heure de la dégustation,
Même moi, pour une fois, je ne dis pas non !

Notre hôte choisit les bouteilles qui animeront la soirée,
Le précieux breuvage y sommeille parfois depuis des années,
Tiré de ces vignobles épars dans l'hexagone,
De la Champagne à la vallée du Rhône !

Le dîner est fini et au moment des mercis,
Je me dis qu'il y a matière à parler du vin aussi,
Je lève ainsi mes vers à Laurent et à sa santé,
A Cécile, Louis, Jeanne et à notre amitié !

Georges, Renaud et Gauvain

Dans la famille artistes inégalés,
Je choisis Georges, le grand-père
Qui avec son phrasé élaboré,
Contenta des générations entières !
Parle-moi encore de la pluie, de Jeanne, de Manon,
Chante à nouveau toutes ces belles passantes,
Toi l'humble troubadour, le polisson de la chanson,
L'artisan génial des rimes désopilantes !

Dans la famille artistes inégalés,
Je poursuis par Renaud, le père,
Mais ne sais par où commencer,
Eblouie par cette prolifique carrière !
Le poète et sa verve féconde nous ravit,
D'émouvants, subtils et tendres vers,
Sublimant comme personne l'univers des petits,
Dénonçant sans relâche les misères de la terre !

Dans la famille artistes inégalés,
Je termine par Gauvain, le fils,
Une guitare, un béret, te voilà paré
En piste pour la scène, sa fièvre et ses bis !
Le répertoire riche et soigné nous plaît,
Les mélodies joliment ciselées accrochent,
Les titres s'enchaînent, c'est le succès,
Des noires, des croches et des rimes en oches !

Sans y paraître, mon poème est terminé
Et mine de rien, d'une pierre, j'ai fait trois coups,
Les plaçant tout en haut à égalité
Au palmarès de la chanson française de bon goût !

Souchon et Voulzy

Après Laurel et Hardy,
La Belle et le Clochard,
Lagarde et Michard,
Voici Souchon et Voulzy !

Vedettes indissociables
De ces quatre dernières décennies,
Partenaires des mêmes prix,
Des mêmes succès inoubliables !

Créations prolifiques
Où l'un compose et l'autre écrit,
Tout en finesse, facétie, poésie,
Sur des airs gais, exotiques, nostalgiques !

Quand l'un se produit en solo,
L'ombre du frère plane sur la scène.
Pour peu qu'il le rejoigne dans l'arène
Et c'est alors la cerise sur le gâteau !

Mariage gagnant de la musique et des mots
Dans un puissant écho et sans Larsen,
Equilibre parfait sans jalousie ni haine
Entre ces deux alter egos !

Infatigable et inséparable duo,
Eternels ados qui, malgré les ans,
Continuent d'exercer leur talent
Sur les plateaux de phono !

Santé de porcelaine

Enfant de la déveine
A la santé de porcelaine,
Tu traînes depuis toujours
Ton éprouvant parcours.

Pour être né souffrant,
Chancelant, mal portant,
Tu passas des années infernales
Sur un lit d'hôpital.

Une existence à devoir composer
Avec ta trop grande fragilité,
Tu tombas de Charybde en Scylla,
Pour quelques hauts, combien de bas ?

Tu ne comptes plus les dialyses
Qui sans cesse te démoralisent,
Elles te gâchent la vie,
Même si elles te la sauvent aussi.

Et maintenant la cécité
Rien ne t'aura été épargné.
C'est désormais muni d'une canne blanche
Que tu te déplaces du lundi au dimanche.

J'aimerais tant chasser ta peine,
Ta santé de porcelaine,
Mais je n'ai aucun remède
Pour te venir en aide.

Je ne dispose que de mes vers
Pour dénoncer tes misères,
Puissent ces quelques mots
Mon ami, alléger ton fardeau.

Un jour ailleurs

(A la mémoire de Claude Brasseur)

De quoi pouviez-vous échanger
Lorsque vous entendiez « coupez »
Lanoux, Rochefort, Bedos, Brasseur ?
Certainement pas d'un jour ailleurs.

Vous aviez quarante ans,
Croquiez la vie à pleines dents,
Vous jetant avec conviction et passion
Dans toutes ces interprétations.

Comédiens sympathiques,
Joyeux, chaleureux et comiques,
Vous fûtes durant deux tournages
De bien attachants personnages.

Un titre qui portait bien son nom,
Bouly, Etienne, Daniel, Simon,
Puisqu'il y était dit
Que vous iriez tous au paradis !

Combien de fois avons-nous ri
Devant vos fameuses pitreries ?
Vous étiez faits pour vous entendre,
Autant que pour nous divertir, nous détendre.

Mais à présent on ne rit plus,
On se sent même un peu perdus,
Orphelins de cette génération d'acteurs
Qui se retrouvent ce jour ailleurs.

Chez Georges

Si le temps passe hélas ! sur les mémoires,
Il ne peut effacer certains conteurs d'histoires,
Quarante ans après avoir viré de bord,
L'illustre sétois nous manque encore.

Et c'est sur les plus célèbres de ses airs
Que nous fêtons ce jour le centenaire !
Si l'artiste est un peu refroidi,
Ses œuvres, elles, ont nullement vieilli.

On se souvient sans peine de ces soirs d'orage,
De la non-demande en mariage,
Du petit joueur de flûteau,
De Jeanne et de la Brave Margot.

Qu'est devenue l'impasse Florimont ?
Là où naquirent les premières chansons,
Dans un logis de fortune sans eau courante,
Le poète reçut de ses hôtes une affection débordante.

Débutent les cabarets et arrive le succès,
Lequel ne le quittera plus jamais,
La guitare sur un genou, la pose modeste
Et sa passion des mots a fait le reste.

Les fidèles, les nostalgiques
De la chasse aux papillons, des bancs publics,
Se consolent en reprenant en chœur
Auprès de mon arbre, Au bois de mon cœur.

Et défilent en guise de pèlerinage
Devant le trou moelleux où ce grand personnage
Passe sa mort en vacances
A l'abri d'un pin, parasol à l'évidence !

Morgane de lui

Avec son blouson clouté et son bandana,
Avec surtout un cœur gros comme ça,
Il chante les arbres, la mer, les gens,
Le vent et les mistrals gagnants.

Bien sûr que vous l'avez reconnu
Le trouvère de l'école de la rue,
Le militant du parti des oiseaux,
Des baleines, de la terre et des mots.

Une guitare, trois accords
Et il plante le décor,
Quelques vers à l'unisson
Et il signe une chanson.

Sans faire de quartier,
Fustigeant volontiers
Dans ses quarante-cinq tours
La barbarie du monde qui l'entoure.

Et mettant en avant
Le passé, les enfants,
La poésie de la vie,
L'amour ou la camaraderie.

Mais un jour entre le cafard,
Et le Renaud devient renard,
Nous privant de ses tours de chant,
De ses colères et de ses engagements.

Moi, de ses détracteurs, je n'ai que faire,
Je veux même croire dur comme fer
Que le conteur du beau temps ou de la pluie
A encore de belles heures devant lui.

Si, mi, la, ré

Si, mi, la, ré, si, mi, la, ré, si, sol, do, fa,
Depuis le clavier où j'ai posé mes doigts,
Je fredonne la petite cantate de Barbara,
Je la fredonne pour toi.

En ce jeudi de mars, grâce à Léa,
Je peux veiller sur ton abri en bois,
Notre-Dame t'ouvre ses bras
Et fait briller ta croix.

Famille de sang ou de cœur, ils sont tous là,
Abandonnant un temps leur désarroi,
Ils écoutent sonner le glas
Et l'homélie écrite pour toi.

Tu nous quittes pour réchauffer l'au-delà,
Moi depuis la terre, j'ai un peu froid,
Parce que tu me manques déjà
Et que la peine pèse de tout son poids.

En souvenir de tes brins de mimosas,
Sur ta tombe près de Troyes,
Je déposerai une branche de lilas
Ou de weigélia mon ami François.

Je t'envoie mon poème où tu noteras,
Oui, tu n'as pas rêvé, je te tutoie !
J'ai osé, je te dois bien cela,
Tu me l'as demandé maintes fois !

Si, mi, la, ré, si, mi, la, ré, si, sol, do, fa,
Depuis le clavier où j'ai posé mes doigts,
Je fredonne la petite cantate de Barbara,
Je la fredonne pour toi.

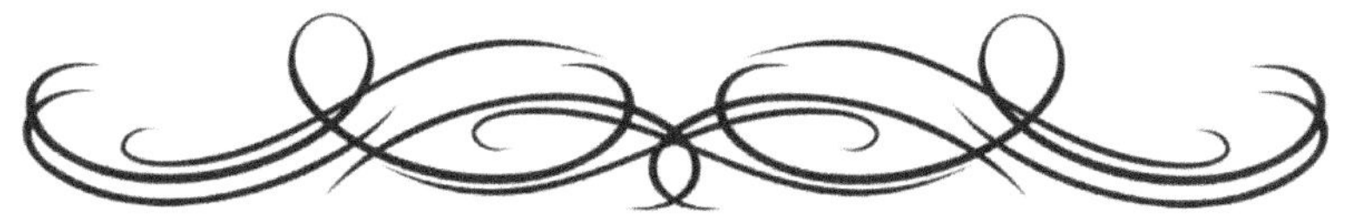

2020, une année
pas comme les autres

Tous confinés

C'est désormais de la maison,
Que nous vaquons à nos activités,
Car à part certaines exceptions,
Nous sommes tous confinés.

Tout un pays soudain au ralenti,
Travail maintenu ou repos forcé,
Scénario totalement inédit,
Dont nous nous réveillons sonnés.

La guerre est sanitaire,
Et d'envergure mondiale,
L'adversaire est sournois et solitaire,
Sans frontières, coriace, létal.

Des bonjours sans poignées de mains,
Tes quatorze ans privés de baisers,
Nous nous souviendrons de deux mille vingt,
Et de cette proximité qu'on se doit de limiter.

Les déplacements se raréfient,
On se contente du minimum,
On prend conscience qu'un drame s'écrit,
Respectons l'ultimatum.

Repli radical mais nécessaire,
Se détacher, ne plus s'embrasser,
Le prix pour sauver la terre entière,
Et recouvrer la liberté.

Gloire à ces héroïques soignants,
Qui bravant la tempête et le danger,
Consacrent leur savoir et leur temps,
Aux trop nombreuses victimes terrassées.

Moment tragique et historique,
Face à l'adversité,
Véritable élan patriotique,
Belle leçon d'humanité.

Fais une pause

Si tu ne dois qu'une fois dans ta vie
Te sentir utile, investi,
C'est aujourd'hui, pour une juste cause
Reste à la maison, fais une pause.

Dis-toi que tu n'es pas si mal loti,
Tu es en forme, tu es en vie,
Pense à ces anonymes moins chanceux
Pour lesquels l'avenir est soudain bien soucieux.

Pour beaucoup, hélas trop nombreux, le sort en est jeté
Puisqu'ils sont morts, sommairement enterrés
Quand d'autres se battent encore à l'hôpital
Pour tenter d'échapper à une issue fatale.

Convaincs tes amis d'agir de la sorte
Moins vous bougez, mieux ils se portent,
Tous ces soignants mobilisés comme à la guerre
Qui vous sachant dehors n'expriment que colère.

Ce n'est ni le bagne, ni une punition
Et tu disposes de permissions
T'assurant encore quelques libertés
Comme celles de te nourrir, courir, marcher.

Fuis l'oisiveté forcée pour des actes fertiles
Il y a tant à faire, même à son domicile,
Si tes enfants restent la priorité
Tu peux aussi lire, bricoler, cuisiner.

Et prendre le temps de regarder le ciel,
Te souvenir que la nature est belle.
Ecoute chanter les oiseaux, hume le parfum des fleurs,
Loin de la pollution et du bruit des moteurs.

Fais de cet isolement une nouvelle expérience,
Montre combien tes ressources sont immenses,
Tu en sortiras à l'évidence grandi,
Peut-être donneras-tu un sens neuf à ta vie.

Tu peux aussi muni d'un papier, d'un crayon
Comme moi faire jaillir tes émotions,
Alors pour le bien de l'humanité, de grâce
Fais un geste, reste à ta place.

Place de l'église
un jour de mars

Place de l'église un jour de mars,
Un décor qui ressemble à une sombre farce,
Le printemps fait plutôt grise mine
Notre ville, d'ordinaire animée, se sent subitement orpheline.

Où sont tes cyclistes, où sont tes piétons ?
Où sont tes voitures aux heures de bouchons ?
Le jour est semblable à la nuit
Et le silence a remplacé le bruit.

Nos écoles privées d'élèves et d'enseignants
Comme un dimanche qui dure éternellement
Et le collège qui ne vaut guère mieux
Je les observe la gorge nouée, des larmes au bord des yeux.

Tous ces professionnels contraints de rester chez eux,
Ils le comprennent, mais sont bien malheureux
Combien de temps encore tout cela va durer ?
Dans quel état vont-ils se relever ?

De-ci, de-là, une lueur d'espoir
Quelques commerces qui nous sortent du noir,
Un semblant de vie avec la boulangerie, la boucherie
La presse, l'épicerie et puis la pharmacie.

La pharmacie et nos médecins
Qui doivent soudain décupler leurs moyens
Pour répondre à cette vague épidémique
Sans oublier leurs patients aux maladies chroniques.

Et nos vaillantes auxiliaires de vie, infirmières
Dignes, méritantes, volontaires
Par tous les temps au chevet des malades,
Elles assurent et rassurent sans parade.

Avoine que je connais depuis tellement d'années
Avoine, dis-moi, que t'est-il arrivé ?
Arme-toi d'abnégation, de force et de courage
Et tu recouvreras rapidement ton vrai visage.

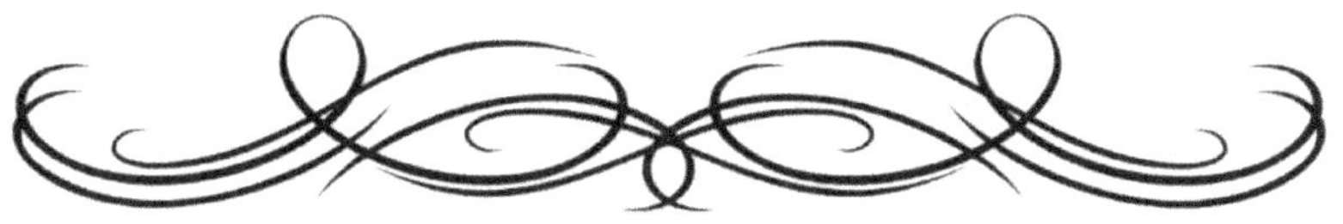

Philo....Sophie

Revenir à des choses simples mais essentielles,
Chasser sans regret tout le superficiel,
Voilà un programme intéressant,
Guidé par la rudesse des derniers évènements.

Réapprendre à scruter la nature,
Faire le plein de lumière et de verdure,
Etre séduit par l'oiseau sur la branche, la goutte de rosée,
Et l'odeur si reconnaissable de l'herbe fraîchement coupée.

Créer et faire vibrer un groupe sur Internet,
S'entourer d'un noyau de copines vraiment chouettes,
Echanger de tout et de rien chaque jour passant,
Se gratifier de compliments et de mots bienveillants.

Rappeler aux êtres aimés combien on les aime,
C'est peut-être évident, mais le répéter quand même,
Cela ne coûte rien tout en faisant du bien,
Comme d'écouter inlassablement un délicieux refrain.

Et se montrer plus clément avec soi-même,
Ne plus faire preuve d'exigence extrême,
Ne plus s'abîmer, s'accepter tel que l'on est,
Avec ses défauts, avec ses qualités.

Puisqu'on ne supportera jamais toute la détresse humaine,
Et qu'il est écrit qu'à chaque jour suffit sa peine,
Tentons de nous convaincre que même à petite échelle,
Nous contribuons au quotidien à rendre la terre plus belle.

Un jour d'anniversaire

Un jour d'anniversaire,
Celui de ma mère
Qu'on ne lui fêtera pas,
C'est triste mais c'est comme ça.
En ces temps pas très chouettes,
En ces heures de disette
Même pas un bouquet de fleurs,
Cela fait mal au cœur.
Reste le téléphone,
Je l'appelle, je la sonne
Et lui chuchote à l'oreille
Qu'elle est un rayon de soleil.

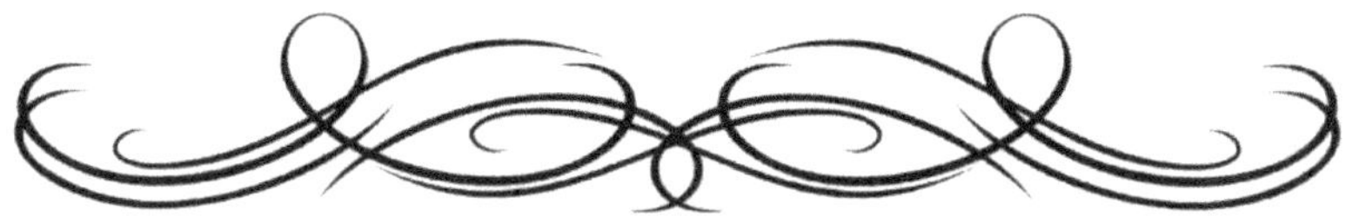

Essentielles

Deux fois au cours d'une même année,
Elles durent, la mort dans l'âme, renoncer
A leur métier jugé non essentiel
Par les hautes instances ministérielles.

En citoyennes résignées et dociles,
Elles patientèrent mars et avril,
Puis retrouvèrent avec bonheur
Leur univers tout en chaleur.

Elles firent alors le nécessaire
Pour répondre aux règles sanitaires,
Efforts déployés vainement
En raison d'un second confinement.

Privés à nouveau d'ouverture,
Leurs instituts firent pâle figure
Tandis que sans vergogne les factures
Continuaient leur aventure.

Comme il n'y avait rien d'autre à faire,
Un à un elles décommandèrent
Les rendez-vous de leurs chères clientèles,
De ces femmes confiantes, complices, fidèles.

Celles-là mêmes qui auraient eu besoin
En ces temps durs de leurs bons soins
Pour se refaire une santé
Derrière un masque de beauté.

Enfin, voilà, elles nous reviennent
Nos deux amies esthéticiennes
Pour dispenser éclat, bien-être, fraîcheur
Avec écoute, gentillesse et douceur.

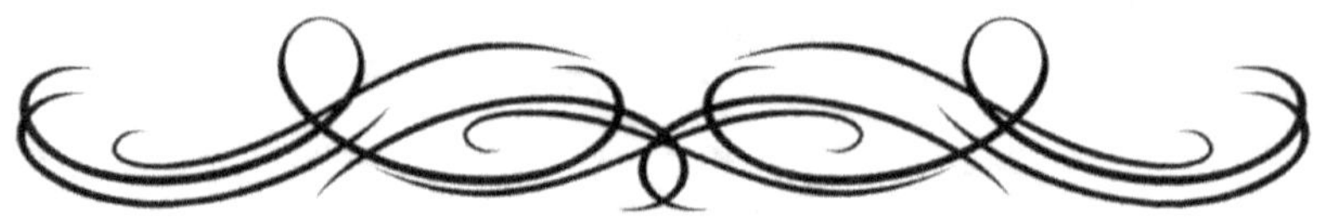

Côte de granit rose

Côte de granit rose,
Rien que ton nom augure de jolies choses,
Je t'imaginais aisément
Aussi gracieuse qu'un soleil couchant !

On me loue tes vertus depuis si longtemps,
C'est plaisant, mais ce n'est pas suffisant,
J'en veux davantage, je te veux en vrai,
Voilà pourquoi je foule ton sol désormais !

Ne pense pas que je t'ai posé un lapin
Lorsqu'en avril tu nous attendis en vain
A ce rendez-vous de printemps
Manqué, reporté pour cause de confinement !

Aujourd'hui, enfin, dévoile-moi tes charmes
Loin de l'agitation, loin du vacarme,
Je suis tout à ma joie devant ce face-à-face
Qui, à l'évidence, ne peut laisser de glace !

Tu exposes sur ton littoral
Une grande variété de richesses minérales
Avec tes blocs de granit à perte de vue
Dessinant un visage, un dé, que sais-je une tortue !

Et que dire de ta couleur magique
Autant fascinante qu'unique,
Tu penches vers un rose cuivré éclatant
Sur lequel ricochent la mer et le vent !

Côte de granit rose
Quelques vers pour servir ta cause,
Crois-moi, ne me crois pas,
Avant de te connaître, je t'aimais déjà !

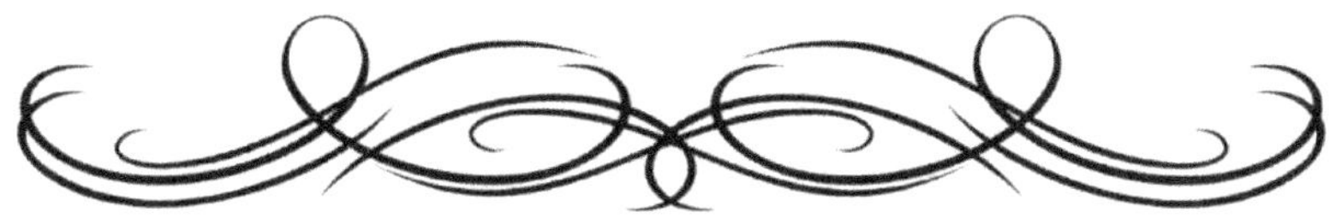

On devrait être en Italie

C'est inutile de ressasser,
Mais on ne peut s'en empêcher,
Sans cette maudite épidémie,
On devrait être en Italie !

Une nouvelle fois, nous renonçons
A Raphaël, au Panthéon,
A l'héritage de Bernini,
On devrait être en Italie !

Sur la terrasse de Massenzio,
Ce serait l'heure du carpaccio,
De la calzone et du Chianti,
On devrait être en Italie !

On se voyait déjà
Faire le tour de la Barcaccia,
Avec une glace, sa chantilly,
On devrait être en Italie !

On avait hâte de retrouver
Le Capitole, le Colisée
Et la fontaine de Trévi,
On devrait être en Italie !

On programmait de nouvelles choses
Dans cette ville qui en impose,
Comme le Palais Barberini,
On devrait être en Italie !

Je me console en me disant
Que ce fâcheux évènement
Offre un titre à ma poésie,
On devrait être en Italie !

Beauté des choses, Beautés du Monde

Le parc de Maulévrier

De ce passage au parc de Maulévrier
Nous revient l'image d'une éclatante journée
Entourés d'une généreuse verdure,
Le bonheur est dans la nature.

Endroit à la beauté exceptionnelle,
Avec ces arbres qui s'amoncellent,
Que l'on observe sans modération
Que l'on regarde avec délectation.

Se fondant sur les modèles japonais
Avec ses ponts, sa pagode et ses haies,
Il nous invite dans un charmant voyage
Riche en paysages et en éclairage.

On se régale d'un bout à l'autre,
Mon point de vue valant le vôtre,
Pour peu que le soleil soit de la partie
Et nous voilà transportés au paradis.

On pourrait en faire le tour
Pendant des jours et des jours
Sans jamais arriver à s'en lasser
Tant le site est raffiné.

Ceux qui le connaissent y reviennent,
Ils ont raison, qu'à cela ne tienne,
Incitant leurs proches à en faire de même,
M'inspirant au passage ce nouveau poème !

Le jeu de sept familles

C'est un pur délice, une douceur pour les pupilles
De tenir un instant dans vos mains écartées,
Au travers d'un joli jeu de sept familles,
Tout l'art impressionniste initié par Monet !

Ils sont venus, ils sont tous là,
Avec leurs tableaux raffinés,
Les Renoir, les Cézanne, les Gauguin, les Degas,
Pour vous divertir et pour vous enchanter !

Pour commencer, tu réclames du Manet
« Le Déjeuner sur l'herbe », « Le Balcon »,
Et pour que ton jeu soit complet,
Tu ajoutes « La Bulle de savon » !

Puis tu poursuis avec Monet,
Sa palette est si belle, nourrie de son talent,
Ses nymphéas, ses coquelicots, sans oublier,
La sensation, « Impression, Soleil levant » !

Et toi, tu cherches du Renoir,
Tu as bon goût, je te comprends,
« Le Clown», « La Balançoire »,
Et « Le Moulin de la Galette » naturellement !

Ne t'impatiente pas avec Degas,
Pour toi qui as la main chanceuse,
Lorsque ton prochain tour viendra,
Tu piocheras « Les Repasseuses » !

Je vous observe depuis le début de la partie,
Tenter de rassembler les cartes d'un génial hollandais,
J'ai bien ri, car maintenant je vous le dis,
C'est moi qui détenais son célèbre autoportrait !

Le jeu est terminé et en guise de chute,
Je dis que vous pouvez vous vanter à jamais,
D'avoir possédé ne serait-ce qu'une minute,
Quelques-unes des richesses d'Orsay !

De Porto à Lisbonne

Nouvelle destination, nouveau voyage,
Un été aux accents du Portugal,
De la douceur du Douro à celle du Tage,
Des décors aux allures de cartes postales.

Du côté de Porto tout d'abord,
Vous n'oublierez jamais vos longues randonnées,
Lorsque vous longiez ces façades multicolores,
Et arpentiez ces ruelles étroites et escarpées.

Vous vous souviendrez de ces nombreux quartiers,
Et de ces murs nappés de carreaux de faïence,
Qui donnent à ce pays toute sa renommée,
Et déclinèrent en bleu et blanc vos dernières vacances.

De votre halte à Batalha pour son monastère,
Vous conserverez immanquablement l'éclat du site,
Ces vitraux et ce cloître qui vous enthousiasmèrent,
Tous ces trésors cachés d'une seule et même visite.

Et de Lisbonne, ville abyssale,
Où vous êtes arrivés fatigués, mais prêts,
Vous garderez en mémoire la grandeur d'une capitale,
Au travers de ses places, ses musées, ses tramways.

Et ses multiples magasins de liège,
Où vous hésitiez tant entre le sac, le béret, le soulier.
Le pays peut se targuer d'un tel florilège,
De cette noble matière qu'on se plaît à regarder.

Et moi, de conclure de mon côté,
Pour vous avoir observés sans relâche,
Vous délecter de ces sites de toute beauté,
Que ces vacances avaient du panache.

Nature

Généreuse et fidèle chaque année,
Tu évolues sans cesse et sans bruit
Changeant tes couleurs volontiers
Au gré des saisons rythmées par Vivaldi.

Tableau chatoyant qui nous entoure,
Pouvoir te contempler
De l'aurore à la tombée du jour
Apporte joie et sérénité.

Avec tes fleurs, tes arbres, tes ruisseaux
Sous ton toit bleu azur,
Tu invites insectes et oiseaux
Dans une champêtre aventure.

Il t'arrive parfois de te fâcher
Alors tombent des hallebardes,
Te voilà toute courroucée,
Inondant quiconque se hasarde.

Vêtue de ce vert renaissant
Et de ces touches irisées,
Tu sens bon le printemps,
Soudain, on se prend à rêver.

Lorsqu'en juin arrive l'été,
Le parfum de tes roses embaume l'atmosphère,
Ton ciel immense est dégagé,
Percé de brillants rayons de lumière.

Ton passage des tons clairs au marron
Annonce les feuilles mortes de l'automne,
Tu offres de nouvelles sensations
Avec ces nuances ocrées qui étonnent.

Même l'hiver, dans ton manteau froid et blanc,
Tu conserves toute ta splendeur
Enchantant petits et grands,
Inlassables admirateurs !

Le luthier

Il parle peu, c'est un taiseux
Entouré d'éléments tout aussi silencieux
Qu'il s'amuse tel un puzzle à associer
Il fait un beau métier, celui de luthier.

Méthodique, patient, minutieux
Sur chaque pièce, il fait de son mieux
Dans l'atmosphère feutrée de son atelier
Il se consacre à sa passion, celle de luthier.

Toute la journée au milieu d'instruments,
Il fabrique, il répare et il vend.
Lunettes sur le nez, vêtu d'un tablier,
Il est heureux dans sa peau de luthier.

Les mains délicates et l'ouïe fine,
Il passe des heures sur son établi, il s'échine
A donner vie à un échantillon d'alisier,
D'érable, d'ébène, d'épicéa, il est luthier.

Volute, manche, éclisses et chevalet,
Autant de composants qui n'ont pour lui aucun secret
Qu'il façonne grâce à ses qualités de menuisier
Et qu'il réunit les uns aux autres sans forcer en bon luthier.

Avec ces cordes frottées qui lui tiennent compagnie,
Il ouvre son univers, son petit paradis
Pour quelques séances de cours particuliers
Avec de jeunes élèves rêvant d'être luthiers.

Quelle bonne idée tu eus quand tu avais sept ans
De choisir le violon, ce si bel instrument,
Fruit de l'artisanat d'un homme singulier
Dont l'amour du métier émeut, quel art d'être luthier !

Quel héritage

Déambule avec allégresse dans la ville éternelle,
Place Saint-Pierre, Barberini ou Navone,
Et attends-toi à trouver au détour d'une ruelle,
Un chef-d'œuvre qui surprend, sidère, étonne !

Avance avec avidité sans ménager ta peine,
Et tu verras qu'à la fin, c'est toujours pareil,
Une peinture, une statue, une fontaine,
Une certitude, une autre merveille !

Et tu n'en reviens pas tellement c'est incroyable,
Tous ces succès au crédit d'un seul homme,
Tant de talent, oui c'est incontestable,
D'énergie déployée pour la beauté de Rome !

Peintre, architecte, sculpteur sans équivoque,
Inspiré tout petit et traversant les âges,
C'est la figure de proue des créations baroques,
Qui laisse au monde de l'art mon Dieu, quel héritage !

Au centre des richesses de la galerie Borghèse,
L'artiste illumine, séduit, éblouit,
Des Quatre Fleuves à l'Extase de Sainte-Thérèse,
Quelle domination depuis des décennies !

Je te sens ému devant un tel portrait,
Oui, tu l'as compris, l'homme est un génie,
Tel un Michel-Ange du siècle d'après,
C'est la force des grands, la force de Bernini !

Les dessins de Folon

Que diriez-vous de ce voyage
Dans la poésie, la pureté, l'émotion
Au travers d'apaisants paysages,
Ceux des doux dessins de Folon.
Ils appartiennent à mon enfance,
Ils y firent mon admiration
Peuplant le vide, comblant l'absence
Ces nombreux dessins de Folon.

Je revois ces hommes aux longs manteaux,
Légers comme des bulles de savon
S'élever, rejoindre les oiseaux
Dans le ciel des dessins de Folon.
Et toutes ces couleurs pastel
Par un habile coup de crayon
Donner la vie aux aquarelles,
Aux charmants dessins de Folon.

L'œil, la main, l'arbre et la terre,
La flèche, le soleil, l'horizon,
Les symboles d'un même univers,
Celui propre aux dessins de Folon.
Dans des nuances tamisées
Comme autant de déclarations
A l'amour, la paix et l'amitié
Qui se glissent dans les dessins de Folon.

On a hélas ! tourné la page
Changé de cadres, de saisons,
Eclipsant tous ces personnages
Qui animaient les dessins de Folon.
Qu'ils ne tombent jamais dans l'oubli !
Puissent les nouvelles générations
Les découvrir et être éblouies
Par la lumière des dessins de Folon.

Coups de pinceaux

Il transportait ses palettes, ses couleurs,
Ses toiles, ses pinceaux, son chevalet,
Son talent, son regard, son humeur
Et, généreusement, il peignait.

Il peignait des corbeilles de fruits,
Pêches, grappes de raisins, toutes les sortes,
Leur donnant éternellement vie
Dans les jeux d'ombres et de lumières d'une nature morte.

Il peignait des paysages
A Giverny, Rouen, dans la vallée de la Creuse,
Immortalisant chacun de ses passages
Dans un tableau aux nuances savoureuses.

Il peignait des portraits,
Ceux d'hommes, de femmes et d'enfants
Saisissant, exprimant trait pour trait
Leurs joies, leurs peines, leurs tourments.

Il peignait des nus qui firent scandale,
Comme ce déjeuner dans une forêt
Sans imaginer l'accueil triomphal
De ses œuvres des années après.

Il peignait l'exotisme de Tahiti,
Fuyant l'occident pour d'autres contrées,
S'imprégnant des lueurs de la Polynésie,
Y trouvant peut-être sa vraie identité.

Ils s'appelaient Cézanne, Monet, Van Gogh, Manet, Gauguin
Et dans un élan commun de coups de pinceaux,
Figeaient dans leurs toiles de lin,
La simplicité de tout ce qui est beau !

Tous premiers

Dans le secret des vestiaires
D'une course en solitaire,
Se prépare assidûment
Celle qui a lieu tous les quatre ans.

La Vendée en ligne de mire
Dont ils partent pour mieux y revenir
Après 80 jours de tour du monde
Amarrés à une solitude profonde.

C'est une campagne titanesque
Avec ses écueils dantesques
Qu'ils traversent sur leurs voiliers
De novembre à la mi-janvier.

Au large du moindre bout de terre,
On imagine ces loups de mer
Déjouer avec métier, avec brio
Les caprices et dangers de la météo.

Dans cette odyssée légendaire,
Tous les marins sont solidaires,
Prêts à en découdre avec les océans
Pour secourir leurs concurrents.

Et face aux difficultés de l'exercice,
En tant que simple observatrice,
Je peux, admirative, certifier,
Qu'à l'arrivée, ils seront tous premiers !

A l'ombre
de mon jardin en fleurs

A l'ombre de mon jardin en fleurs
Sur un carré d'herbe fraîchement tondu,
Je retrouve les vertes couleurs
D'un printemps si longtemps attendu.

Les arbres s'en donnent à cœur joie,
Les grains de pollen chatouillent le nez
Tandis que les abeilles sont en émoi
Et les lézards surpris à flemmarder !

Sous la tonnelle, l'étudiante s'est abritée.
N'ayant d'yeux que pour ses cours,
Elle prend l'air sans même contempler
La beauté simple des choses qui l'entoure.

Et les garçons font des paniers
Dans un match de basket improvisé,
Entourés des lilas, forsythias et palmiers,
Lesquels resplendissent de santé.

A l'ombre de mon jardin en fleurs,
Dans le coin d'une feuille blanche,
Je griffonne assise en tailleur,
L'éclosion du printemps un dimanche.

Paris

Paris, ma jolie,
Je te suis à la trace
Depuis le quai Branly
Jusques à Montparnasse.

Paris, oui, toi encore,
Tout en longeant la Seine,
Je compte les trésors
Que partout tu promènes.

Paris, de jour comme de nuit,
Tu brilles tel un soleil,
Jamais on ne s'ennuie
Tant tu nous émerveilles.

Des bouquinistes aux Champs Elysées,
Du Trocadéro au Luxembourg,
Tes lieux si raffinés
Séduisent depuis toujours.

Je voudrais te revoir,
Rien que pour ta Rue Mouffetard,
Tes pavés, tes trottoirs
Et puis tes Grands Boulevards.

Pouvoir encore flâner
Autour de l'Opéra,
A Saint-Germain-Des-Prés
Et devant l'Olympia.

Et Le Louvre et Orsay
Abritant ces peintures
Qui suscitent le respect
Et la soif de culture.

Que dire du Panthéon
De La Conciergerie
Et des autres grands noms
Mille Bercy Paris !

Papier cadeau

Issu du monde végétal,
J'ai un sort très particulier,
Une destinée des moins banales
Pour finir toujours au panier !

Je suis un papier cadeau
Et à la moindre occasion
On s'arrache mes rouleaux
Pour renforcer une émotion !

Avec un graphisme varié,
Je contente à tous les coups,
Que je sois uni, à pois, rayé,
On me prête un charme fou !

Je ne connais pas le chômage,
Toute l'année j'ai du succès,
Faisant plaisir à tous les âges
En cachant le précieux objet !

C'est surtout quand arrive Noël
Que je dois répondre présent,
Il est alors traditionnel
De m'accompagner d'un ruban !

Je ne suis que consternation,
Devant cette vie éphémère,
On me jette sans considération
Une fois le paquet découvert !

Porte d'Auteuil

Ils sont nombreux les prétendants
A la victoire porte d'Auteuil,
Chaque année avec le printemps,
L'évènement vaut le coup d'œil !

C'est le retour de la terre battue,
Des points gagnants, des poings serrés,
Des vainqueurs et de leurs vaincus
Devant un public enthousiasmé !

C'est la course de la petite balle
D'un côté à l'autre du filet
Et dans une cadence infernale
A la recherche d'un franc succès !

C'est aussi la balade dans les allées
Pour dénicher un autographe
Et la prise des plus beaux clichés
Par des centaines de photographes !

Quel bonheur devant sa télé
De les voir lober, smasher, servir,
Je me souviens avoir vibré
Quand Bruguera détrôna Jim Courier !

Certains s'y sont brûlé les ailes,
Plus à l'aise sur le tapis vert
Pour y mener de grands duels,
Souvenez-vous Edberg, Sampras, Becker !

Pendant longtemps un suédois,
Réglé comme du papier millimétré
Imposa patiemment sa loi,
Soulevant six fois le trophée !

C'est maintenant un majorquin
Qui des vestiaires au court central
A fait de Roland Garros son jardin,
Jeux, Sets et Matchs Nadal !

Martinique

Pour commencer l'année,
Tu traversas l'Atlantique
Et découvris enchantée
La beauté de la Martinique.

Moi qui ignore tout d'elle
De ses endroits magiques,
Je glanai dans tes nouvelles
Un avant-goût de Martinique.

De Saint-Pierre et son soleil couchant,
Tu pris cette photo féérique
Qui rappelle « Impression, soleil levant ».
Quel charme fou, cette Martinique !

Au loin plongée dans les nuages
Et dans son sommeil volcanique,
La Montagne Pelée, quel voyage
Quand se dévoile la Martinique !

Sable blanc, eaux cristallines, jardins,
Balata le magnifique,
Ses fleurs, ses couleurs, ses parfums,
Délices de Martinique.

Décors idylliques, paysages d'exception
Et grâce à toi, chère Véronique,
Je me rendis par procuration
Du côté de la Martinique.

Au Père-Lachaise

Après le Louvre, le Panthéon,
Loin des immeubles, loin du béton,
Si l'on s'offrait une parenthèse,
Une virée au Père-Lachaise ?

Illustre parc funéraire,
Célèbre musée de plein air
Pour anonymes comme sommités
Au milieu des cerisiers, marronniers et noyers.

C'est le rendez-vous ultime
Des amoureux de la prose, de la rime
Balzac, Proust, Eluard, Beaumarchais,
Apollinaire, Colette, Vallès, Musset.

Peinture, cinéma et musique,
Les univers sont éclectiques,
Et le cimetière haut en couleurs
Avec Delacroix, Chopin, Brasseur.

Dans ce théâtre à ciel ouvert
Sur les traces de La Fontaine, de Molière,
Arrêtons-nous donc un instant
Devant la tombe de Signoret et Montand.

Les deux heures sont passées
Il est temps de prendre congé,
De ce lieu de mémoire
Où se mêlent recueillement et histoire.

REMERCIEMENTS

Au-delà de mes enfants et de leur mamie auxquels ce recueil est dédié, je veux rendre grâce à toutes les personnes, de mon cercle intime au monde artistique et sportif, qui ont donné vie à ces poèmes.

Je remercie « Les copines d'abord », en particulier mon amie Nathalie dont les compétences littéraires m'ont été très précieuses et qui me gratifie d'une émouvante préface.

Je remercie François Legaux, mon parangon de vertu, mes fidèles lectrices Françoise, Annie, Jacqueline, Gwennaïg, Séverine, Rachel, Valérie, Lydie, Aurélia, Agnès, Cécile, Claire, Rose-Marie, Sabrina, Marie-Ange, Mireille, Michelle, Yvette, Isabelle, Elisabeth Vandenberghe, Colette Poyer et Jeanne Raufaste dont les impressions enthousiastes ont encouragé l'émergence de nouveaux écrits.

Une pensée spéciale pour les Rambolitains qui se reconnaîtront ainsi que pour Léa et William.

Une autre pour Sylvie de Soye et ses séduisants jeux de cartes sans lesquels « Le jeu de sept familles » n'aurait jamais vu le jour.

« Instantanés » doit également beaucoup aux célébrités dont le parcours m'a souvent inspiré. Je ne peux les citer tous, alors je n'évoquerai que « Georges, Renaud et Gauvain », Barbara, Michel Piccoli, « Romy la belle », Claude Brasseur, Patrick Dewaere, Jean-Michel Folon, Lino Ventura, Jean Gabin, Michel Bouquet et l'« attachant Bébel ».

Merci aux passionnés de la plume et du pinceau, ceux de mes rimes et tous les autres, dont les œuvres, immortelles, donnent de la profondeur et de la couleur à l'existence.

Que cette page soit aussi le témoignage de ma reconnaissance envers Didier Godoy, Laurent Lalouette, Francine Henry, Chantal Bergmann et la municipalité d'Avoine pour l'intérêt porté à mes écrits.

Je remercie Frédéric Sirot et son opiniâtreté, laquelle permit à mes petits bouts de feuilles de devenir recueil.

Je remercie enfin les éditions KARK et Florence Brichau pour la confiance qu'elle m'a accordée en publiant ce livre. Sans oublier Corine Sorguson pour ses corrections ultimes.

Du même éditeur :

L'Enfant de la Prophétie (version intégrale ou en 2 tomes)
Renco, quand enfanter est un devoir
L'art de survivre, seuls les meilleurs y parviendront
Les Chroniques d'Edenalia 1 : Eleanor
Les Chroniques d'Edenalia 2 : Kylian
Le rêve de Laura
Mosaïque
Collègue et plus si affinités
Le passé entre les mots
Le secret du Mekassænda
Le Chevalier d'Asland
Rumeurs
Le journal d'un Alien !
Mange Cailloux

Série

Éryl (Complète)
Les origines 1 : La Pierre Noire
Les origines 2 : Les Pionniers
L'Odyssée de Kewen 1 : Revoir Anna
L'Odyssée de Kewen 2 : Le Don
L'Odyssée de Kewen 3 : Révélations
L'Odyssée de Kewen 4 : La révolte

Les enquêtes de Philippe Montebello
Un village si tranquille
Une sacrée famille
Fusibles
Méprises
Impostures
Coup de couteau
Intolérances
Disparitions
Noyades
Section Criminelle 1 : l'astrologue
Section Criminelle 2 : Misogyne

9 782492 248238